本专著是如下研究课题与研究专著的后续深入研究：

1. 2010 年度山东省社会科学规划研究一般项目"山东省区域城乡一体化测度与评价研究"（项目批准号：10CJGZ13）

2. 2010 年度教育部人文社会科学研究一般项目"区域城乡一体化测度与评价研究"（项目批准号：10YJA790180）

3. 2013 年度专著：《区域城乡一体化测度与评价研究》（中国社会科学出版社 2014 年版）

城镇化发展评价及农民进城意愿研究

——以潍坊市为例

王广起　吕贵兴　周志刚　陈　磊　等著

中国社会科学出版社

图书在版编目（CIP）数据

城镇化发展评价及农民进城意愿研究：以潍坊市为例／王广起等著.
—北京：中国社会科学出版社，2015.11
ISBN 978 - 7 - 5161 - 7042 - 7

Ⅰ.①城…　Ⅱ.①王…　Ⅲ.①农民问题—社会心理—关系—
城市化—研究—潍坊市　Ⅳ.①F299.275.23　②D422.64

中国版本图书馆 CIP 数据核字（2015）第 268324 号

出 版 人	赵剑英	
责任编辑	周晓慧	
责任校对	无 介	
责任印制	戴 宽	

出　　版	中国社会科学出版社	
社　　址	北京鼓楼西大街甲 158 号	
邮　　编	100720	
网　　址	http://www.csspw.cn	
发 行 部	010 - 84083685	
门 市 部	010 - 84029450	
经　　销	新华书店及其他书店	

印刷装订	北京金瀑印刷有限责任公司	
版　　次	2015 年 11 月第 1 版	
印　　次	2015 年 11 月第 1 次印刷	

开　　本	710×1000　1/16	
印　　张	8.75	
插　　页	2	
字　　数	168 千字	
定　　价	38.00 元	

凡购买中国社会科学出版社图书，如有质量问题请与本社营销中心联系调换
电话:010 - 84083683

目　　录

第一章 基础篇

第一节 引言

当前，中国已经进入城镇化发展中后期，大规模和快速的城镇化构成21 世纪以来中国社会转型的突出背景。[①] 《国家新型城镇化发展规划（2014—2020 年）》（以下简称"规划"）的出台，标志着城镇化发展进入了一个新阶段。新型城镇化是以科学发展为统领，以产业支撑为动力，以统筹兼顾为原则，以和谐社会为方向，以全面协调可持续发展为特征，集约高效、功能完善、环境友好、社会和谐的城镇化。它吸收了传统城镇化的精髓，摒弃了传统城镇化中的缺陷，更强调城镇化内在质量的全面提升，推动了城镇化由偏重数量与规模增加向注重质量与内涵提升转变。但新型城镇化是一种较为复杂的社会现象，要对其做出客观、准确的评价并非易事，尽管规划提出了新型城镇化建设的主要指标，但依据现行统计口径根本无法进行整体评价。中国仍缺乏一套完整的新型城镇化评价指标体系，即使是向新型城镇化发展的一个过渡性的评价指标体系也不完善。可行的评价指标体系的缺失，容易导致城镇化建设出现以片面追求数量和规模为主要特征的外延式扩张，并由此带来一系列社会、环境等问题。同时不利于新型城镇化发展的过程监测和及时纠正问题。因此，建立一个尽可能科学、合理的新型城镇化评价指标体系，开展实证研究，实行过程监测就具有了重要的现实意义和战略价值。

---

① 任远：《人的城镇化：新型城镇化的本质研究》，《复旦学报》（社会科学版）2014 年第 4 期。

第二节　文献综述

一　城镇化发展水平评价综述

对城镇化水平评价最基本、最传统的方法是人口城镇化法，即以城镇人口占总人口的百分比来表示一个国家或地区城镇化水平。美国城市学家诺瑟姆（Northam）采用该指标对城镇化进程进行了划分，认为城镇化水平的增长是一条被拉平的 S 形 Logistic 曲线。[1] 弗雷德曼（Friedmann）等也采用该指标对中国城镇化水平进行了测度。人口指标法简单、直观且便于区域间的对比分析，受到国际上的公认，但该方法也因为存在明显的弊端而受到一些学者们的质疑。如约翰逊（Johnson）指出，人口城镇化率不能反映城市的规模状况，因为在一个农村人口少的国家里，一些小城镇也会产生一个高水平的城镇化率。

为了克服这一指标的缺陷，一些学者开始使用复合指标来评价城镇化水平。联合国和社会事务部统计处选取居民收入、人均拥有医生比率、非农业产值百分比等 19 个不同的经济指标，构建了一个指标体系来衡量发达国家和发展中国家的城镇化水平。[2] 柯劳克（Klauke）建立了包含 16 个指标的指标体系，分别从职业、人口、住所和离中心城镇的距离等方面进行考虑。[3] 英克勒斯（Inkeles）综合考虑了经济水平、产业结构情况、人口居住质量等因素，构建了一个现代化标准指标体系，并且该体系被广泛地应用在国际中。[4] 戴维（David）等从人口规模、用地规模和人口密度三个方面界定城市地域。[5] 桑吉（Sanjib）等将 5 公里范围内的人口密

---

[1]　Northam, "New Approaches to Crop Yield Insurance in Developing Countries," *International Food Research Institute*, 1979, (2): 22-25.

[2]　Phazell, Janderson, Nbalzer, "A Bastrop Clemencies and Rissole Potential for Scale and Sustainability in Index Insurance for Agriculture and Rural Livelihoods," *International Fund for Agricultural Development and World Food Programmer*, 1973: 42-44.

[3]　Klauke, "A Two-sided Matching Model of Venture Capital," Working Paper, University of Chicago, 1987 (1): 8-10.

[4]　Inkeles, "Rural Areas and Trends Surpass Cities in Growth," *New York Time*, 2005, 3: 53-70.

[5]　David, L. B., John, B. C., "Metropolitan Areas and the Measurement of American Urbanization," *Population Research and Policy Review*. 2004, 23 (4): 399-418.

度、人口变化、商业区和居住区的密度作为城市化判定指数。[①] 安德鲁（Andrew）等根据人口密度、通勤时间和城市人口规模区分城市与乡村，在城镇人口占总人口比重的基础上，还加上了城市数量、城市人口的绝对规模和不同等级城市的人口分布三个指标来衡量地区或国家的城市化水平。[②]

国家新型城镇化发展规划明确将城镇化发展作为未来中国经济持续稳定增长的重要推动力，希望通过城镇化建设，逐步实现农民市民化，扩大内需，拉动消费，推动中国经济增长方式的转型。但在现实中，地方政府作为城镇化发展的执行主体，面对"城镇化发展"命题最感兴趣的依旧是通过城镇建设规模的逐步扩大以获得更多的土地财政收入和投资机会。这两种发展思路在客观上确实存在着不合拍、不相容甚至矛盾之处。一方面，要改变地方政府既有的粗放型城镇化发展路径，除了增加新的诱导性条件，如财税体制改革等外，还需要增加新的约束性条件，对地方政府既有的发展手段进行约束，倒逼其改变发展路径。在这种情况下，建立一套操作性强、可纳入地方政府绩效考评范围的城镇化发展评价指标体系就不失为一种可行的方案。

另一方面，中国现有的城镇化指标过于简单，仅反映了城镇常住人口占总人口的比例，是一个极为简略的、单维度的"人头数"比较，具有极强的误导性，无法反映城镇化的真实内涵。众所周知，中国51%的城镇化水平水分很大，如果仅以户籍人口计算，中国的城镇化水平大约只有35%。其中16个百分点的差异正说明了中国城市化进程中一个极为严重的社会现象——"半城市化"现象。因此，扬弃单一维度的城镇化率指标，建立多维度的、能体现城镇化真实内涵的发展指标体系就显得极为必要。城镇化发展评价指标体系的建立至少应发挥两重作用：一是对城镇化发展中的"铺摊子"现象予以遏制，推动城镇化发展走集约式发展道路；

---

① Sanjib, D., Mrinmoy, M., Debasri, R., et al., "Determination of Urbanization Impact on Rain Water Quality with the Help of Water Quality Index and Urbanization Index," In Jama, B. K., Majumde, M. *Impact of Climate Change on Natural Resource Management*, Part 1, New York: Springer, 2010: 131-142.

② Hirotsugu, U., Andrew, N., "Agglomeration Index: Towards a New Measure of Urban Concentration," In The World Bank, *The World Development Report 2009*. Washington, D. C.: UNU-Wider, 2010: 1-16.

二是促使城镇化发展中的"半城市化"现象发生改变，促进社会融合。①

表1—1　　　　　　经济学视角下的新型城镇化评价指标体系

一级指标	二级指标	三级指标
新型城镇化	城镇化水平	城镇化率
		城镇化水平增长率
		中心城区新增人口
		县城区新增人口
		新型农村社区新增入住人口
		人均城市道路面积
		建成区面积增长率
		城镇居民人均住房建筑面积
	经济发展	人均 GDP
		人均地方财政收入
		城镇消费品零售总额占全社会消费品零售总额的比重
		人均固定资产投资
		新型农村社区固定资产投资
	集约协调	第二、三产业增加值占 GDP 的比重
		产业集聚区规模以上工业占全部从业人员的比重
		第二、三产业从业人员占全部从业人员的比重
		城镇新增就业人数占就业总人数的比重
		土地流转面积占全部耕地面积的比重
	民生改善	城镇居民人均可支配收入
		城镇社会保险覆盖率
		大学毛入学率
		每千人拥有卫生技术人员数
		每万人拥有公共交通车辆数
		燃气普及率
	生态宜居	污水处理率
		生活垃圾无害化处理率
		人均公园绿地面积
		规模以上单位工业增加值能耗

资料来源：孙长青、田园：《经济学视角下新型城镇化评价指标体系的构建》，《河南社会科学》2013 年第 11 期。

――――――――

① 谢楠城：《城镇化发展需建立评价指标体系》，《中国矿业报》2013 年第 B01 版。

有研究基于收益最大化、资源配置最优化等经济学理论，以人口有序转移、城镇化质量提升、城镇化合理布局为评价重点，从城镇化水平、经济发展、集约协调、民生改善、生态宜居等方面构建新型城镇化评价指标体系，具有重要的理论价值和实践意义。[①] 遵循以上分析可建立如下评价指标体系（表1—1）。

中国城镇化的发展是由中国特殊的国情决定的，在工业化结构和经济体制转型的双重转轨背景下，城镇化与工业化的协调问题，"三农"问题（农村城镇化），土地的利用以及生态等问题都是城镇化发展质量的突出问题。所以对城镇化发展的评价就表现出复杂性，从不同的角度、地域出发就可以构建不同的评价指标体系，也就有不同的评价方法。山东作为一个农业、人口大省，由于区域经济发展的不平衡性，城市的聚集和辐射效应差异性也很大，不同地区城镇化的评价标准也存在着很大的差异性。例如山东省东、中、西部自然地理、区位条件的差异和有关制度因素问题，使得山东省东、中、西部社会经济发展现状和城镇化发展程度不同。王琳结合山东省地理、文化和经济发展的因素，建立了适合山东省城镇化发展的评价指标体系（见表1—2），测算了山东省17个城市城镇化发展评价指标指数，并对其进行了实证分析说明。在其进行的实证分析中，潍坊市位居全省第四位。[②]

王博宇、谢奉军、黄新建在梳理和反思城镇化评价研究现状的基础上，对新型城镇化的各要素进行了深入分析。根据构建评价指标体系的指导思想，以及科学性、系统性、可行性、可比性、层次性、简要性原则，他们提出以经济动力、人口转移、基础设施、人居环境为一级指标，构建新型城镇化评价指标体系（见图1—1）的设想。并根据这一指标体系对江西省各设区市新型城镇化状况进行实证分析。[③]

① 孙长青、田园：《经济学视角下新型城镇化评价指标体系的构建》，《河南社会科学》2013年第11期。

② 王琳：《山东城镇化评价指标体系研究》，济南大学2011年硕士学位论文。

③ 王博宇、谢奉军、黄新建：《新型城镇化评价指标体系构建——以江西为例》，《江西社会科学》2013年第8期。

表 1—2   **山东省城镇化发展评价指标体系**

一级指标	二级指标	三级指标	四级指标
城镇化评价 指标体系	城镇化基础评价	城镇的基础评价指数	固定资产投资（亿元） 人均 GDP（元） 专利授权量（件）
		经济发展评价指数	地方财政一般预算收入（亿元） 实际利用外商直接投资（亿美元）
		生态环境评价指数	工业废水排放达标率 工业固体废物综合利用率 工业二氧化硫排放量（万吨）
	城镇化发展评价	居民生活评价指数	城镇人均可支配收入（元） 电信业务量（亿元）
		社会发展评价指数	基本医疗保险人数（万人） 人均社会消费品零售额（元） 城镇职工年平均工资（元） 医疗床位数（万张）
		城镇建设评价指数	人均道路面积（平方米） 燃气普及率 建成区绿地面积覆盖率
		人口增长评价指数	普通高校在校人数（万人） 城乡年底就业人数（万人） 非农业人口比重 城镇登记失业率
	城镇化城乡 发展评价	城乡统筹评价指数	城乡居民收入差异度 城乡恩格尔系数比 城乡居民人均储蓄存款余额（亿元）

资料来源：王琳：《山东城镇化评价指标体系研究》，济南大学 2011 年硕士学位论文。

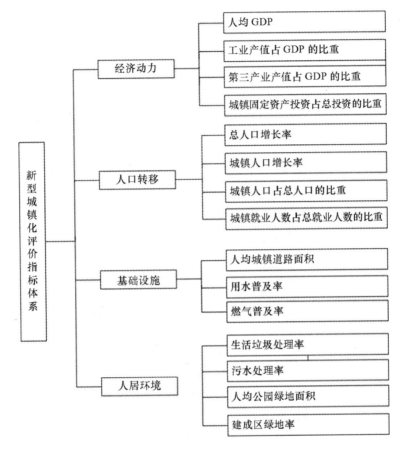

图 1—1　王博宇等的新型城镇化评价指标体系

资料来源：王博宇、谢奉军、黄新建：《新型城镇化评价指标体系构建——以江西为例》，《江西社会科学》2013 年第 8 期。

与上述较多的指标体系相比较，巩红禹则根据内蒙古自治区的实际情况，建立了一个包含 9 个指标的新型城镇化健康发展评价指标体系，如表 1—3。并运用主成分分析方法进行省际综合评价和内蒙古区内 12 个盟市的综合评价，最后给出了内蒙古新型城镇化的路径选择。在该文进行的省际评价中，山东省综合排名居全国第九位。①

---

① 巩红禹：《区域新型城镇化健康发展评价分析——以内蒙古自治区为例》，《经济论坛》2014 年第 7 期。

表 1—3　　　　　　　　新型城镇化健康发展评价指标体系

一级指标	二级指标	三级指标
经济城镇化	经济规模	人均 GDPX_1（人民币：元）
	经济结构	第二产业占 GDP 比重 X_2（%）
	经济效率	每万元 GDP 消耗能量 X_3（吨标准煤/万元）
人口城镇化	人口规模	城镇化率 X_4（%）
	人口就业结构	第三产业人员占人口的比重 X_5（%）
	人口素质	每万人高等学校在校学生数 X_6
社会城镇化水平	居民生活水平	城镇居民可支配收入 X_7（人民币：元）
	社会稳定程度	失业率 X_8（%）
	健康水平	每千人拥有卫生人员数 X_9
环境城镇化水平	生态环境质量	每万人拥有绿地面积 X_{10}（公顷）

資料来源：巩红禹：《区域新型城镇化健康发展评价分析——以内蒙古自治区为例》，《经济论坛》2014 年第 7 期。

另外，在国家新型城镇化规划（2014—2020 年）出台以前，不同学者根据不同的评价城镇化的侧重点，提出了各自评价城镇化的指标体系。李振福（2003）认为，评价城镇化必须建立一套较完整、能全面反映问题实质又切实可行的指标体系，为此他提出用城镇发展潜力（城镇化潜在力）指标、城镇发展经济（城镇化经济力）指标、城镇发展装备（城镇化装备力）指标来评价城镇化水平。[①] 孙锦、刘俊娥从城镇化的内涵出发，以全国 31 个省（市、自治区）为研究对象，构建了由经济城镇化、人口城镇化、生活方式城镇化、地域环境城镇化 4 个一级指标和 12 个二级指标组成的城镇化综合评价指标体系，对 31 个省（市、自治区）的城镇化水平给予了相应评价。[②] 陈明星、陆大道、张华从人口城镇化、经济城镇化、土地城镇化和社会城镇化四个方面，构建了城镇化评价指标体系。其中，人口城镇化指标主要反映人口向城镇集中的过程，具体包括城镇人口比重、城镇人口规模、二三产业就业人口、建成区人口密度；经济

[①] 李振福：《城市化水平综合测度模型研究》，《北方交通大学学报》（社会科学版）2003 年第 1 期。

[②] 孙锦、刘俊娥：《中国城市化水平综合评价研究》，《河北建筑科技学院学报》2004 年第 3 期。

城镇化指标主要反映经济结构的非农化转变，具体包括人均 GDP、人均工业总产值、二三产业产值比重、二三产业 GDP 密度；土地城镇化指标主要反映地域景观的变化过程，具体包括建成区面积、人均建成区面积、人均公共绿地面积、人均道路铺设面积；社会城镇化指标主要反映生活方式的变化，具体包括人均用电量、万人在校大学生数、万人拥有医生数、万人拥有床位数。这四个方面既相互联系又有区别，力求全面、准确地反映城镇化进程的综合水平。[①] 任军号、林波、薛惠锋针对大城市周边地带城镇化的特点，构建了城镇化发展水平、资源环境基础、城乡协调发展三个一级指标，以 GDP 总值、城镇人均 GDP、农业机械总动力、城镇居民可支配收入、第三产业产值占 GDP 的比重、人口密度、城镇人均公共绿地面积、城乡居民人均年末储蓄存款余额、工业废水排放达标率、人均居住面积、地方财政收入、城镇建成区面积、邮电业务总量、固定资产投资、城镇人口占总人口的比重、公路密度等为二级指标的城镇化评价指标体系，分别从城镇经济基础、资源环境和城乡协调发展等方面对其发展进行评价。[②]

关于城镇化评价指标体系的构建与实证研究的文献近些年来成果丰硕，难以一一列举。文献显示，研究者建立城镇化评价指标体系的一个特点是不同的研究者强调不同的评价重点，虽然可能会与当地实际相结合，但如果每个地区建立一个评价体系，就难以从全国角度进行横向比较。另外，有的文献构建的指标体系中有些指标的关联程度太高以致我们认为有必要删除，如城镇化率和城镇化率年增长率。一般地，进行城镇化建设评价，不能单纯地进行静态研究，分析解释不同时期的城镇化发展水平，深入分析水平变动的结构化原因可能更有意义。因此，诸如城镇化率年增长率指标就失去了意义。

二 农民进城意愿的综述

自 20 世纪 80 年代初期一篇关于中国城市化的文章发表开始，三十多年来，不同学科的众多学者不断就城市化问题展开讨论、争辩和探索，形

---

① 陈明星、陆大道、张华：《中国城市化水平的综合测度及其动力因子分析》，《地理学报》2009 年第 4 期。

② 任军号、林波、薛惠锋：《大城市周边地带城市化水平评价指标体系》，《西北大学学报》（自然科学版）2005 年第 1 期。

成了不同的派别，如滞后派、基本协调派、超城市化派等。① 前者通过城市化水平的国际比较，认为中国的城市化滞后现象十分严重，成为制约农民收入增长的因素，成为制约社会经济结构转换和生产要素利用效率提高的重要因素；基本协调派则在国际比较的基础上提出了中国城市化并没有严重滞后于工业化的观点，问题在于工业化的偏差而非城市化的偏差；个别学者则认为，中国不是城市化滞后，而是存在着隐性城市化问题。关于城市化的其他文献这里难以一一详述。鉴于本书采用调查研究的方法，梳理一下基于调查的研究文献可能更有助于理清研究思路。

托达罗（Todaro）指出，农村劳动力向城市转移主要会受到以下因素的影响：城乡工资差别、城市失业状况和潜在移民对时机的反应程度。② Oded Stark 对中国农民工的回流问题进行了研究，发现现行的土地制度和户籍制度是导致农民工回流的重要原因；杨（Yang）研究发现，在中国当前的土地产权制度下，农户拥有的土地产权不完整，农户离开农村，进城落户，就意味着牺牲土地收入，增加了农户的转移成本，影响了城乡转移③；丹尼斯（Denise）发现，个人特征因素对迁移决策有着主要影响作用，家庭特征因素对迁移持续时间的影响更大；④ 奈特（Knight）等认为，社会关系网络对潜在的迁移者十分重要，研究发现，迁移者主要通过家庭成员、亲戚和同乡等社会关系网络获得迁入地工作和生活的信息，一些劳动力没有迁移的原因是缺乏获取信息的渠道⑤；阿兰·德·布劳（Alan de Brauw）等认为，建设中国农村土地流转市场，消除影响土地流转的相关制度障碍，将有利于农村劳动力转移⑥；怀恩·本杰明（Dwayne Benja-

---

① 陈明星、叶超、傅成伟：《我国城市化水平研究的回顾与思考》，《城市规划学刊》2007年第6期。

② Todaro, M. P., "A Model of Labor Migration: An Urban Unemployment in Less Developed Countries," *American Economic Review*, 1969 (59): 138-148

③ Du Yang, Alberk Park, Wang Sangui, "Is Migration Helping China's Poor Inequality, Labor Market and Welfare Reform in China," Australia National University, 2004 (8): 25-27.

④ Denise Hare, "'Push' versus 'Pull' Factors in Migration Outflows and Returns: Determinants of Migration Status and Spell Duration among China's Rural Population," *Journal of Development Studies*, 1999, 35 (3): 45-72.

⑤ John Knight, Lina Song, "Towards a Labor Market in China," *Oxford Review of Economic Policy*, 1996, (11): 4.

⑥ Alan de Brauw, Huang Jikun, Scott Rozelle, et al., "The Evolution of China's Rural Labor Markets during the Reforms," *Journal of Comparative Economics*, 2002, 30 (2): 329-353.

min）等人的研究发现，自改革开放以来，人力资本差异是导致中国农村地区之间、农户之间和个人之间收入差距扩大的主要原因；阿兰·德·布劳（Alan De Brauw）等人研究发现，大量的农民工进城务工比从事农业生产能获得更多的收入，户籍制度及其与之相关的制度是阻碍劳动力迁移的重要因素。①

2013 年 10 月，清华大学中国经济社会数据中心发布中国城镇化调查数据。数据显示，新生代农民工已经成为城市流动打工主体，而"90 后"农民工群体中仅有 3.8% 的人愿意回乡务农，75% 的人"选择经商、开办工厂或去企业工作"。此次公布的数据是清华大学中国经济社会数据中心"中国城镇化与劳动移民研究"项目的研究成果。该研究自 2009 年启动以来，对全国进行了有代表性的入户抽样调查，样本覆盖了中国大陆的31 个省、市、自治区，共完成有效成人样本 12540 个，其中流动人口4386 个，还对 7517 个 0—15 岁少年儿童的样本进行了调查。本次调查发现的一些基础数据表明，以往人们对城镇化的观念有了改变。例如，相比于媒体上流传的中国近 52% 的城镇化率，调查发现，"中国户籍城镇化率仍然很低，非农户籍人口占全国总人口的比例仅为 27.6%"。同时，"非农户籍人口的流动率高于农业户籍人口的流动率"②。唐逸如对山东淄博高青县这一传统农业县的城镇化进行了实地调查，发现高青县的"两区三村"工程采用"土地置换"的方法，"既解决了农民上楼的问题，也为县城的发展提供了更多土地"。但大多数通过"土地置换"协议住上楼房的农民都来自靠近县城周边的村庄，而较偏远的村庄则进度缓慢。最大的问题在于缺乏资金，因为村落偏远，无法引起投资商的兴趣。同时发现，随着农业机械化水平的提高，老一辈农民中仅依靠种地为生的人也越来越少。农闲的时候，周边村庄的农民都进城打工，无论在工厂还是建筑行业，平均每个月都有 2000 多元的收入。这样的工资水平使得当地人没有外出远赴北上广等一线城市打工的动力。另外，全县基础教育资源的整合使得越来越多的农村家长选择在县城买房，为了子女读书方便，也为了自

---

① Dwayne Benjamin, Loren Brandt, Paul Glewwe, et al., "Markets, Human Capital, and Inequality: Evidence from Rural China, Unpublished Paper," University of Toronto, 2000 (3): 1-4.

② 高靓:《中国城镇化调查数据显示:"90 后"农民工仅 3.8% 愿回乡务农》,《中国教育报》2013 年第 2 版。

已将来养老。① 王西安的城镇化调查显示，年轻、学历高的农村居民进城倾向明显，但同时有近三成的人乐意成为职业农民，受访者认为，城镇化进程的加快，会逐步带动农村成为城乡结合区。② 有关贵州省农民城镇化意愿的调查从受访者的人口统计特征如性别、年龄、收入、婚姻状况、家庭人口、受教育程度等方面较为全面地分析了农民的进城意愿、去向、农民不愿意进城的原因等问题，③ 类似的调查研究还有对河北藁城农民城镇化意愿的调查，该研究样本覆盖面广，代表性较高，对农民进城意愿、农村农业发展意愿、新农村建设意愿、城镇化推进方式与保障意愿进行了统计分析，认为农民对非农化意愿强烈，城镇化的推动力较强，但摆脱原居住地的意愿不强，对于改善生产生活的愿望迫切，且希望政府推动农村发展，推进城镇化并解决农民的后顾之忧。④ 李富田、李戈面向四川省 31个镇、村的调查显示，西部地区的自然、社会经济条件决定了其城镇化路径可能不同于东部发达地区。多数小城镇由于产业基础薄弱，人口聚集功能有限，更多的农民选择了流向大中城市，而非小城镇。⑤ 王国辉、潘卫民基于阜新市彰武县的调查，提出了建立阜新市农民城市定居鼓励机制的对策。但该调查样本过小，并且没有说明抽样方式⑥。张铁军⑦，殷杰、王常雄、张宇炜⑧对城镇化进程中失地农民问题分别以银川市民乐村、江苏部分经济发达地区为研究对象，进行了调查研究，认为失地农民的市民化是一个综合的社会转变过程，他们不仅仅是户口的转变，还存在着社会

---

①　唐逸如：《"二元结构"逐步融合——鲁中地区城镇化调查》，《社会观察》2013 年第 3期。

②　王昕：《西安城镇化调查报告显示：高学历青壮年进城倾向明显》，《西安日报》2011 年第 3 版。

③　杜双燕：《城镇化带动背景下的贵州农民城镇化意愿分析》，《贵阳市委党校学报》2013年第 1 期。

④　张如林、丁元：《基于农民视角的城乡统筹规划——藁城农民意愿调查》，《城市规划》2012 年第 4 期。

⑤　李富田、李戈：《进城还是进镇：西部农民城镇化路径选择——对四川 31 个镇、村调查》，《农村经济》2010 年第 4 期。

⑥　王国辉、潘卫民：《阜新市农民城镇定居意愿研究——基于阜新市彰武县调查的分析》，《辽宁工程技术大学学报》（社会科学版）2012 年第 4 期。

⑦　张铁军：《城镇化过程中失地农民市民化问题探讨——基于银川市民乐村失地农民市民化现状的调查》，《湖南涉外经济学院学报》2008 年第 3 期。

⑧　殷杰、王常雄、张宇炜：《城镇化进程中失地农民问题的调查与思考——以江苏发达地区为例》，《苏州大学学报》（哲学社会科学版）2005 年第 3 期。

保障和社会关系的重塑、思想意识的变迁等问题。解决失地农民的市民化问题，必须统筹兼顾，需要综合考虑各方面的因素，才能从根本上解决失地农民的生活和出路问题。

第三节　基础理论

一　城镇化发展理论

"Urbanization"一词最早出现于 1867 年西班牙巴塞罗那城市规划师、建筑师伊尔德方索·塞尔达（Ildefonso Cerda）的著作《城市化概论》中。此后，城市化就作为一个特定术语进入了理论界和社会生活里。到目前为止，城市化在理论界还是有很多不同界定的。

——历史学定义，城市化是传统的、落后的乡村社会向现代的、先进的城市社会转变的过程。

——经济学强调，城市化是农村经济向城市经济转化的过程，突出强调了经济结构和产业结构的转变。

——社会学明确指出，城市化是农村社区向城市社区聚集和转化的过程。

——人口学认为，城市化是农业人口向非农业人口转化并在城市集中的过程。

——地理学界定，城市化是人口、产业和基础设施由乡村地域向城市地域转化和集中的过程。[①]

不同学科的定义不同，不同国别的学者对城市化的概念界定也不尽相同。英国经济学家科林·克拉克（Colin Clark）认为，城市化是第一产业人口不断减少，第二、三产业人口逐渐增加的过程，以及城市化与产业结构的非农化同向发展。[②]

当代著名城市地理与区域规划学家约翰·弗里德曼提出了城市化发展的数量过程和质量过程两个阶段的观点。他认为，城市化是国家或区域空间系统中一种复杂的社会过程。数量过程表现为人口和非农活动在规模不同的城市环境中的地域集中过程，非城市型景观逐渐转化为城市景观的地

---

① 鲁勇：《和谐发展论——新型工业化与新型城市化契合》，清华大学出版社 2007 年版。
② 刘传江：《中国城市化的制度安排与创新》，武汉大学出版社 1996 年版。

域推进过程；质量过程则包括城市文化、生活方式和价值观在农村的地域扩散过程。他称数量过程为城市化Ⅰ，质量过程为城市化Ⅱ。显然，这个解释更好地诠释了中国新型城镇化发展的终极目标。随着新型城市化建设的推进，"城乡二元体制逐步破除，城市内部二元结构矛盾逐步化解，全体人民将共享现代文明成果。这既有利于维护社会公平正义、消除社会风险隐患，也有利于促进人的全面发展和社会和谐进步"。

不论如何定义城市化的概念，历史进程都证明了，城市化发端于工业革命，工业革命改变了城市的面貌和性质，而工业化则带动了城市化从被动走向主动。

英国经济学家约翰·希克斯（John Hicks）对"市场的兴起"做过一番生动的描述和概括。他认为，人类历史上最初的交换往往是以馈赠礼品的方式进行的，后来，社会集会或宗教节日为交换提供了机会，宗教性的"收获喜庆节日"逐渐变成了乡村的定期集市。随着生产力和交换关系的发展，一些人开始将一些货物暂时存储起来，等到有机会再转卖，于是出现了专业化的商人。这些商人自然趋向在有利于加工和贸易的便利地点聚集，在那里开店营业。人口比较集中、具有良好防御设施、贵族居住的"城"，往往容易成为手工业生产和交换活动的固定地点。这样，"城"和"市"真正结合起来了。资料显示，200多年前，世界人口的97%居住在农村地区。以18世纪英国的工业革命为发端，彻底地改变了城市的性质、职能、结构和形态，作为生产和交换中心的现代工业城市逐渐兴起。率先受益于第一次工业革命的英国，从1760年开始到1851年，仅用了90年的时间，就成为世界上第一个城市人口占全国人口50%以上的国家，到1900年，其城镇人口率已经提高到75%，完全实现了城镇化。[①] 1840年，美国借助工业革命的东风开始了城市化进程的第一个高潮。[②]

工业化过程中城市化率的上升，更多的是与非农产业的比重上升相联系的，其中服务业的比重变化起了很大的作用。随着工业化演进到较高阶段，这种趋势越来越明显，服务业比重的上升对城市化进程产生了更大的影响。根据国际经验，一般认为，人均GDP处于300美元、1500美元水平时，一国产业结构达到变动的拐点，工业发展将产生质的变化。根据统

---

①　高佩义：《中外城市化比较研究》，南开大学出版社1991年版。

②　鲁勇：《和谐发展论——新型工业化与新型城市化契合》，清华大学出版社2007年版。

计资料，发达国家人均 GNP 大都在 1979—1980 年超过了 10000 美元（其中日本是在 1984 年）。在这以后，发达国家的主导产业逐步转向知识密集型的高新技术产业，同时，服务产业产值、就业人数在国内生产总值和就业总人数中所占的比重也普遍开始接近或超过 60%，逼近 70%，出现经济服务化迹象。

二 因子分析

（一） 因子分析的基本思想

因子分析（Factor Analysis）的现代起源是在 20 世纪早期，K. 皮尔森、C. 斯皮尔曼及其他一些学者为定义和测量智力做出了努力。主要由对心理测量学有兴趣的科学家们培育和发展的因子分析，在其全部历史上时时都激起相当激烈的争论，但随着计算机技术的高速发展，对因子分析的理论和计算方面的兴趣重新被引发，原先的大部分技巧已经被抛弃，随着新近的发展，早期的争论消退了。

因子分析法是把许多具有错综复杂关系的变量归结为少数几个无关的新的、潜在的但不能观察的随机量去描述变量间的协方差关系的一种多变量统计分析方法，这些随机量被称为因子。因子分析的基本思想假定，可以根据变量间的相关性大小对变量进行分组，使得同组内变量之间的相关性增高，不同组变量之间的相关性降低。于是可以想象，各组变量象征有单一的潜在的结构（或因子），它对观察到的相关因子负责。例如，斯皮尔曼收集了古典文学、法语、英语、数学以及音乐的一组测验成绩，它们的相关性表明存在着一个潜在的因子"智力"。另一组变量表示身体健康得分，只要有效就可以对应为另一个因子。因子分析试图确认的就是这样一种结构。

假设有 P 个成分的观测随机向量 X，有均值 U 和协方差矩阵 Σ，因子分析的数学模型就是把观测单位分别表示为几个不能观测的公共因子的随机变量 F_1，F_2，$\cdots$，F_m 和 P 个附加的称之为误差或特殊因子的变差源 ε_1，ε_2，$\cdots$，ε_p 的线性加权和，即

$$X_1 - \mu_1 = l_{11}F_1 + l_{12}F_2 + \cdots + l_{1m}F_m + \varepsilon_1$$
$$X_2 - \mu_2 = l_{21}F_1 + l_{22}F_2 + \cdots + l_{2m}F_m + \varepsilon_2$$
$$\cdots$$
$$X_P - \mu_P = l_{P1}F_1 + l_{P2}F_2 + \cdots + l_{pm}F_m + \varepsilon_P$$

或者写成矩阵形式：

$X - \mu = \text{LF} + \varepsilon$

$(P \times l)\ (P \times m)\ (m \times 1)\ (p \times 1)$

称系数 l_{ij} 为第 i 个变量在第 j 个因子上的载荷，它揭示了第 i 个变量在第 j 个公共因子上的相对重要性。故矩阵 L 是因子载荷阵。

为了使因子载荷矩阵中的系数更加显著，可以对初始因子载荷矩阵进行旋转，使因子和原始变量间的关系重新分配，相关系数向 0—1 分化，使之更加容易得到解释。

（二）因子分析的特点

其一，因子变量的数量远少于原有的指标变量的数量，因而对因子变量的分析能够减少分析中的工作量。

其二，因子变量不是对原始变量的取舍，而是根据原始变量的信息进行重新组构，它能够反映原有变量的大部分信息。

其三，因子变量之间不存在显著的线性相关关系，对变量的分析比较方便，但原始部分变量之间多存在着较显著的相关关系。

其四，因子变量具有命名解释性，即该变量是对某些原始变量信息的综合和反映。

（三）分析步骤

第一步，确定待分析的原有若干变量是否适合进行因子分析。

因子分析是从众多的原始变量中重构少数几个具有代表意义的因子变量的过程。其潜在的要求是：原有变量之间要具有比较强的相关性。因此，因子分析需要先进行相关分析，计算出原始变量之间的相关系数矩阵。如果相关系数矩阵在进行统计检验时，大部分相关系数均小于 0.3 且未通过检验，则这些原始变量就不太适合进行因子分析。但是否要将与其他比例低相关的变量移除，还要看变量的共同性（communality）和因素负荷量（factor loadings）。

进行原始变量的相关分析之前，需要对输入的原始数据进行标准化计算，一般采用标准差标准化方法，标准化后的数据均值为 0，方差为 1。

使用 SPSS 分析软件时，软件在因子分析中提供了几种判定是否适合因子分析的检验方法。主要有以下三种：

巴特利特球形检验（Bartlett Test of Sphericity），反图像相关矩阵检验（Anti-image correlation matrix）和 KMO（Kaiser-Meyer-Olkin）检验。

1. 巴特利特球形检验

该检验以变量的相关系数矩阵作为出发点，它的零假设 H_0 为相关系数矩阵，是一个单位阵，即相关系数矩阵对角线上的所有元素都为 1，而所有非对角线上的元素都为 0，也即原始变量两两之间不相关。

巴特利特球形检验的统计量是根据相关系数矩阵的行列式得到的。如果该值较大，且其对应的相伴概率值小于用户指定的显著性水平，那么就应拒绝零假设 H_0，认为相关系数不可能是单位阵，也即原始变量间存在相关性。

2. 反图像相关矩阵检验

该检验以变量的偏相关系数矩阵作为出发点，将偏相关系数矩阵的每个元素取反，得到反图像相关矩阵。

偏相关系数是在控制了其他变量影响的条件下计算出来的相关系数，如果变量之间存在着较多的重叠影响，那么偏相关系数就会较小，这些变量就越适合进行因子分析。

3. KMO（Kaiser-Meyer-Olkin）检验

该检验的统计量用于比较变量之间的简单相关和偏相关系数。KMO 值介于 0—1 之间，越接近 1，表明所有变量之间简单相关系数的平方和远大于偏相关系数的平方和，也就越适合进行因子分析。凯撒（Kaiser）给出了一个 KMO 检验标准：KMO > 0.9，非常适合；0.8 < KMO < 0.9，适合；0.7 < KMO < 0.8，一般；0.6 < KMO < 0.7，不太适合；KMO < 0.5，不适合。

第一步，构造因子变量。

因子分析中有很多确定因子变量的方法，如基于主成分模型的主成分分析和基于因子分析模型的主轴因子法、极大似然法、最小二乘法等。前者应用最为广泛。

主成分分析法（principal component analysis）：该方法通过坐标变换，将原有变量做线性变化，转换为另外一组不相关的变量 Z_i（主成分）。求相关系数矩阵的特征根 λ_i（λ_1，λ_2，$\cdots$，$\lambda_p > 0$）和相应的标准正交的特征向量 l_i；根据相关系数矩阵的特征根，即公共因子 Z_j 的方差贡献（等于因子载荷矩阵 L 中第 j 列各元素的平方和），计算公共因子的方差贡献率与累积贡献，由此判断选取公共因子的数量和公共因子（主成分）所能代表的原始变量信息。

公共因子个数的确定准则：（1）根据特征值的大小来确定，一般取大于1的特征值所对应的几个公共因子/主成分。（2）根据因子的累积方差贡献率来确定，一般取累计贡献率达85%—95%的特征值所对应的第一、第二直至第 m（$m \leqslant p$）个主成分。也有学者认为，累积方差贡献率应在80%以上。

第二步，因子变量的命名解释。

因子变量的命名解释是因子分析的另一个核心问题。经过主成分分析得到的公共因子/主成分 Z_1，Z_2，…，Z_m 是对原有变量的综合。原有变量都是有物理含义的变量，对它们进行线性变换后，得到的新的综合变量的物理含义到底是什么？在实际的应用分析中，主要通过对载荷矩阵进行分析，得到因子变量和原有变量之间的关系，从而对新的因子变量进行命名。载荷矩阵 A 中某一行表示原有变量 X_i 与公共因子/因子变量的相关关系。载荷矩阵 A 中某一列表示某一个公共因子/因子变量能够解释的原有变量 X_i 的信息量。有时因子载荷矩阵的解释性不太好，通常需要进行因子旋转，使原有因子变量更具有可解释性。因子旋转的主要方法是：正交旋转、斜交旋转。

正交旋转和斜交旋转是因子旋转的两类方法。前者由于保持了坐标轴的正交性，因此使用最多。正交旋转的方法很多，其中以方差最大化法最为常用。

方差最大正交旋转（varimax orthogonal rotation）的基本思想是使公共因子的相对负荷的方差之和最大，且保持原公共因子的正交性和公共方差总和不变。可使每个因子上具有最大载荷的变量数最小，因此可以简化对因子的解释。

斜交旋转（oblique rotation）法。因子斜交旋转后，各因子负荷发生了变化，出现了两极分化。各因子间不再相互独立，而是彼此相关。各因子对各变量贡献的总和也发生了改变。斜交旋转因为因子间的相关性而不受欢迎。但如果总体中各因子间存在着明显的相关关系，则应该考虑斜交旋转。

无论是正交旋转还是斜交旋转，因子旋转的目的都是使因子负荷两极分化，要么接近于0，要么接近于1，从而使原有因子变量更具有可解释性。

第三步，计算因子变量的得分。

　　在因子变量确定以后，对于每一个样本数据，研究者都希望得到它们在不同因子上的具体数据值，即因子得分。估计因子得分的方法主要有回归法、Bartlett 法等。[①]

　　回归法，即 Thomson 法：因子得分是由贝叶斯（Bayes）思想导出的，根据先验概率求出后验概率，并依据后验概率分布做出统计推断。其得分是有偏的，但计算结果误差较小。

　　Bartlett 法：Bartlett 因子得分是极大似然估计，也是加权最小二乘回归，得到的因子得分是无偏的，但计算结果误差较大。

　　因子得分可用于模型诊断，也可用作进一步分析如聚类分析、回归分析等的原始资料。

　　第四步，计算样本综合得分。

　　很多时候都需要计算样本的因子综合得分以便排序或分类。此时需要依据取大于 1 的初始特征值所对应的几个公共因子的特征值进行。具体地，首先取初始特征值大于 1 的公因子的特征值加以合计，然后计算大于 1 的初始特征值对应的几个公共因子所占特征值合计的比例，再与各因子得分相乘，即可计算出样本的综合因子得分。

三　对应分析

（一）对应分析概述

　　研究分类变量之间的联系是统计分析的常见问题，卡方检验、发生比分析、逻辑斯回归等方法比较常用。但当研究涉及的分类变量较多或分类变量个数较多时，这些方法往往显得力不从心。如样本量较少时，可能无法进行卡方检验；在类别变量分组较多，依据卡方的可分解原理分解卡方时，发生比分析需要建立多个四格表，发生比分析有时显得比较粗糙；研究不同学历的人的职业分布规律，使用卡方检验可以很容易地得出，不同受教育程度的人的职业分布存在着显著差异的结论，但这些结论往往没有实际应用价值。因此需要寻找另外的适当的统计分析方法。

　　对应分析（correspondence analysis）也称关联分析、R—Q 型因子分析，是法国人 Benzenci 于 1972 年提出的，起先流行于日本和法国，后被引入美国，是近年来新发展起来的一种多元相依变量统计分析技术。通过

---

① http://wenku.baidu.com/view/a3f4f6dd5022aaea998f0f40.html.

分析由变量的交互汇总表来揭示变量间的联系，可以揭示同一变量的各个类别之间的差异，以及不同变量各个类别之间的对应关系。其基本思想是将一个列联表的行和列中各元素的比例结构以点的形式在较低维的空间中表示出来。这样就能把众多的样本和众多的变量同时做到同一张图解上，将样本的大类及其属性在图上直观而又明了地表示出来，具有直观性。另外，它还省去了因子选择和因子轴旋转等复杂的数学运算及中间过程，可以从因子载荷图上对样本进行直观的分类，而且能够指示分类的主要参数（主因子）以及分类的依据，是一种直观、简单、方便的多元统计方法。

对应分析的目的在于构造一些简单的指标来反映列联表中行与列之间的关系。列联表在描述非常一般的情况下两个变量之间的关系时非常有用。这两个变量可以是定性变量或名义变量抑或分类变量。有时候，感兴趣的变量也可以是离散的定量变量，也可以基于取值区间或取值类型定义分类进而考虑感兴趣的连续变量。因此，列联表可以运用在很多方面，意味着对应分析在许多领域都是非常有用的。大部分著作都将对应分析的重点放在分类变量方面，实际上在使用诸如 SPSS 类的分析软件时，将以定量变量值为权数，对分类标志进行加权，其实质仍可认为是对定量变量的处理。

由对应分析得到的表格中行与列之间的图示关系基于列示所有行与列的类别并且按照行与列的权重来解释数据点相对位置这样的基本思想。将行与列坐标图示表示在一张图上，就可以清晰地看到在同一行中哪些列分类更重要或者在同一列中哪些行分类更重要。

对应分析中指标的构建与主成分分析的思想相似。主成分分析主要将总的方差分解为不同主成分以表明其所做出的独立贡献，对应分析则是将度量相关度的指标进行分解而不是分解总方差，在定性变量的对应分析中度量相关度指标是总卡方值。鉴于本研究的重点在于对应分析的运用而不是基本原理研究，因此不详细阐述其数学过程。

（二）对应分析的一般步骤

对应分析的第一步是数据的变换与标准化。对分类变量进行分析时，数据的标准化是基于行列变量之间无关联的原假设，计算出各单元格内的标准化残差，从而将原始的频数矩阵转换成一个新的数据阵 Z。转换后每个单元格内的数据都反映了当前单元格偏离该无关联假设的程度，变量间的类别联系越强，单元格内数据的绝对值就越大，数据的正负反映了变量间的正向或负向联系。

　　研究变量是定量变量，在未对分类变量加权时，数据的标准化不能基于无效假设计算标准化残差，可以使用欧氏距离来代表相应单元格均数偏离无关联假设的程度。但同样要对距离实行标准化，否则不同计量单位数据的大小会相差很大，从而失去相互比较的意义。在 SPSS 软件中，针对欧式距离提供了五种标准化方式：

　　第一，Row and Column Means Removed：指在将数据标准化时，将行合计均值和列合计均值的影响都移除，在结果中呈现知识行列类别间的交互作用。由于类别间的均值差别往往是研究者感兴趣的研究内容，因此这一方法往往不是最佳选择。

　　第二，Row /Column Means Removed：指在数据标准化时只移除行或列的均值的影响。如某一类别的均值与另一类别的均值差始终为一常数，该方法会将这种差异的影响消除。或者说类别间均值的相加差异将被移除。

　　第三，Row /Column Totals are Equalized and Row /Column Means Removed：指在数据标准化时首先将原始数据除以行/列合计，然后再移除行列均值的差异的影响，或者说类别间均数的相乘差异将被消除。

　　第二步是奇异值的分解。一个大矩阵通过多种形式的分解，最后能分解成几个小矩阵。这些小矩阵就对应于一个个成分。奇异值是反映这些小矩阵重要程度的指标。奇异值和因子分析里的特征值有什么区别呢？特征值是用在方阵里的，而奇异值是用在长方形的矩阵里的。惯量是奇异值的平方，就类似于特征值。

　　对矩阵 Z 的奇异值分解的公式如下：

$Z = K\Lambda L'$

　　其中，$K'K = L'L = 1$，Λ 为对角阵，其中包含一些奇异值。

　　第三步是行列尺度的调整。依据行列变量相应的类别构成比，对 K、L 矩阵中的奇异向量进行标准化，使之具有单位长度。这实际上确定了行列变量的各散点坐标。

　　第四步是估计方差与协方差，初步得到各类别所对应的散点坐标。

　　第五步是行列评分的标准化。按照选定的标准化方法，对计算出的行列变量坐标进行标准化，得到最终在图形中显示的散点坐标。

（三）双标图

双标图是对应分析中最重要的处理结果，当方差被前两个因子解释的比例足够大时，二维图示往往足以满足约束条件。

双标图即在因子坐标中，行列变量的散点对应图，反映行列变量在因子上的对应关系。对图形的解释可以遵循如下原则：

第一，两行（列）之间的接近程度代表了这两行（列）之间的相似轮廓（值行或列的条件分布），如果两行（列）很接近，意味着这两行（列）几乎是对称的；如果两行（列）相距较远，则采用相反的解释。

第二，特定行与特定列之间的接近程度意味着该行（列）在该列（行）上具有特别重要的权重。与此相反的是，当某行距离特定列较远时，该行该列几乎没有观测值。

第三，原点为两个因子的均值。因此，映射离原点近的特定点（行或者列）代表着平均水平。

更多关于对应分析图解释的内容，感兴趣的读者可参见张文彤教授主编的《SPSS 统计分析高级教程》[1]、沃尔夫冈·哈德勒（Wolfgang Härdle）等的《应用多元统计分析》等相应章节，也可以利用网络获取相应解读方法。[2]

第四节　研究内容

本书一是构建新型城镇化评价指标体系；二是依据构建的指标体系定量分析 2008 年和 2013 年潍坊市新型城镇化状况，找出与山东省其他地市的差距；三是统计分析针对潍坊市农村居民开展的抽样调查数据，了解农村居民进城意愿和去向，最后提出相应的新型城镇化发展路径与关注重点。

---

① 张文彤：《SPSS 统计分析高级教程》，高等教育出版社 2004 年版。

② Wolfgang Härdle、Léopold Simar：《应用多元统计分析》，北京大学出版社 2011 年版。《对应分析方法与对应图解读方法——七种分析角度》，http://shenhaolaoshi. blog. sohu. com/133694659. html。

第二章 评价篇

新型城镇化发展是一个历史过程。规划提出了到 2020 年的发展目标，这 7 年的发展历程，不可能等到规划期末进行评价，如果那样，即使发展有偏差也无法加以纠正。在发展过程中建立实时的发展评价和监控机制，随时修正方向，明确差距是一种自然的行为。国内一些地方已经初步建立了适合本地区新型城镇化发展的评价体系，初步建立了动态的新型城镇化发展监测机制，这是战略眼光的体现。动态评价、监测新型城镇化发展是必须做的事情。

第一节 新型城镇化发展评价指标遴选的原则

一 全面性

新型城镇化建设是一个系统工程，涉及国民经济和社会发展的众多方面。国家新型城镇化发展规划中提出了新型城镇化的主要指标。很容易看出，指标舍弃了注入地区经济总量、人均经济总量、居民收入等地区经济和社会发展评价中常见的指标。但从理论上看，一个地区的城镇化水平与该区域经济和社会发展以及居民收入关系密切，如常住人口城镇化率指标数值高，往往意味着这个地区的经济和社会发展水平较高，有较高的收入和适宜的环境。因此，指标的遴选应体现全面性原则，尤其是一些关键指标如常住人口城镇化率在现行统计资料中很难获取的情况下。

二 代表性

在贯彻全面性原则的前提下，还要注重指标的代表性。如考虑某一地区的居民收入水平，是直接采用城镇居民人均可支配收入和农村居民人均纯收入指标还是采用人均 GDP 指标就值得斟酌。GDP 是一个国家（地区）所有常驻单位在一定时期内生产活动的最终成果，常被公认为是衡量国家经济状况的最佳指标。人均 GDP 则是反映特定地区人民生活水平的一个标准，可能比采用城乡居民收入水平进行统计分析更有价值。再如在分析特定地区的环境质量时，污水处理率，烟粉尘排放量，二氧化硫排放量，生活垃圾处理率，一般工业固体废物产生量，处理量和综合利用量等指标都具有一定的价值。但就对环境的影响看，污水处理率、烟粉尘排放量、二氧化硫排放量、生活垃圾处理率可能更有代表性。

三　可行性

所谓可行性是指指标在满足前两个指标的基础上，指标数据要容易获取。国家制定了城镇化主要指标，就会建立一个数据收集制度体系。但从现行的统计体系看，有一些指标诸如城镇失业人员、农民工、新成长劳动力免费接受基本职业技能培训覆盖率、城镇可再生能源消费比重等很难获取相应信息，因此在研究中就只能舍弃。

四　关联性

指构建指标体系时，指标要能满足采用统计分析方法进行统计分析对指标的关联性要求。如采用注入因子分析法时，该方法要求各变量之间有一定的关联性，关联性太低不行，指标间关联不显著也不行。因此，遴选指标时要注重指标之间的相互关联。这一点，与政府制定相应的新型城镇化发展指标的原则是不一样的。

第二节　新型城镇化发展评价指标构建

一　国家新型城镇化的主要指标分析

《国家新型城镇化发展规划（2014—2020 年）》提出了新型城镇化的主要指标，如表 2—1 所示。

表 2—1　　　　　　　　　　国家新型城镇化主要指标

指标	2012 年	2020 年
城镇化水平		
常住人口城镇化率（%）	52.6	60 左右
户籍人口城镇化率（%）	35.3	45 左右
基本公共服务		
农民工随迁子女接受义务教育比例（%）	≥99	≥99
城镇失业人员、农民工、新成长劳动力免费接受基本职业技能培训覆盖率（5%）		≥95
城镇常住人口基本养老保险覆盖率（%）	66.9	≥90
城镇常住人口基本医疗保险覆盖率（%）	95	98
城镇常住人口保障性住房覆盖率（%）	12.5	≥23
基础设施		
百万以上人口城市公共交通占机动化出行比例（%）	45	60
城镇公共供水普及率（%）	81.7	90
城市污水处理率（%）	87.3	95
城市生活垃圾无害化处理率（%）	84.8	95
城市家庭宽带接入能力（Mbps）	4	≥50
城市社区综合服务设施覆盖率（%）	72.5	100
资源环境		
人均城市建设用地		≤100
城镇可再生能源消费比重（%）	8.7	13
城镇绿色建筑占新建建筑比重（%）	2	50
城市建成区绿地率（%）	35.7	38.9
地级以上城市空气质量达到国家标准的比例（%）	40.9	60

上述指标的可行性分析：

"常住人口城镇化率"指标缺乏相应的较为精确的统计数据，能够收集到的指标既不全面也不精确，《山东省统计年鉴》中的数据属于依据年末人口抽样调查给出的统计推断数据，且未注明推断数据是否属于常住人口。因此我们认为不宜采用此数据，也就无法计算常住人口城镇化率指标。

"户籍人口城镇化率"可以依据统计数据计算。

"基本公共服务"指标族中的"农民工随迁子女接受义务教育比例"，"城镇失业人员、农民工、新成长劳动力免费接受基本职业技能培训覆盖率"，"城镇常住人口保障性住房覆盖率"在现行的统计数据中没有体现，也无法通过有关指标间接计算得出，因此无法纳入评价指标体现。

在"基础设施"指标族中，"百万以上人口城市公共交通占机动车化出行比例"虽然是针对大城市设计的，但同样可以用来衡量中等城市的城市公共交通情况。但该指标无法从现行统计数据中直接得到或间接计算得出，可以采用现行统计体系中的"城市万人公共交通运营车辆（标准台）"指标。

"城市公共供水普及率"指标可以使用。该指标全国2012年的数据为81.7%，山东省2008年城市自来水普及率已经达到99.39%，最低的菏泽市为94%，到2013年该指标山东省已经非常接近，难以产生显著的统计效应，因此可从指标中排除。"城市污水处理率"指标通过"废水排放量"和"废水处理量"指标可以间接计算得出，"城市生活垃圾无害化处理率"指标在2008年指标体系中有相应的数据资料，但2013年的数据缺乏。

"城市家庭宽带接入能力"指标缺乏相应统计口径，"城市社区综合服务设施覆盖率"指标既没有明确的指标含义解释，又缺乏课题组理解的相应的间接计算指标。

"人均城市建设用地"指标可以通过城市建设用地面积和城区户籍人口两个指标计算，从现行统计资料中可以得到有关数据。

"城镇绿色建筑占新建建筑比重"指标以及"城镇可再生能源消费比重"两个指标没有纳入现行统计指标体系。

"城市建成区绿地率"指标可以使用现行指标体系的"建成区绿化覆盖率"指标代替。

"地级以上城市空气质量达到国家标准以上的比例"指标是从宏观管理的角度设置的。在进行不同省、市、自治区的横向比较时该指标可取。本研究是以山东省17个地市为研究对象，力图揭示地市间的差异，因此可以舍弃。但空气质量优势衡量区域或关于城市环境的非常重要的指标，在现行统计体系中可以直接找到二氧化硫排放量、烟（粉）尘排放量指标信息，因此这两个指标可以使用。

《国家新型城镇化发展规划》第二章用数据说明了城市基础设施和服

务设施 2000—2012 年的变化情况，使用了用水普及率、燃气普及率、人均道路面积、人均住宅建筑面积、污水处理率、人均绿地公园面积、普通中学（所）、病床数（万张）等指标（如表 2—2 所示）。本书认为有关指标应纳入评价体系。

表 2—2　　　　　　　　城市基础设施和服务设施变化情况

指标	2012 年	2020 年
用水普及率（%）	63.9	97.2
燃气普及率（%）	44.6	93.2
人均道路面积（平方米）	6.1	14.4
人均住宅面积（平方米）	20.3	32.9
污水处理率（%）	34.3	87.3
人均公园绿地面积（平方米）	3.7	12.3
普通中学（所）	14473	17333
病床数（万张）	142.6	273.3

　　表 2—2 中除了上述已涉及的指标外，燃气普及率指标在现行统计指标中只有煤气供应量、天然气供应量数量指标，缺乏相应的城镇居民需求总量指标，因此无法计算。人均住宅建筑面积指标缺乏城镇住宅存量指标，因此无法计算。普通中学（所）是反映义务教育和高中阶段教育发展水平的指标，但不同地区人口基数不同，因而适龄学生数量也就不同，学校数量自然就不同。课题组认为，可以通过"财政教育支出万人均值"指标间接反映不同地区的教育发展状况，该指标所需统计资料在现行统计指标中可以得到。指标"病床数（万张）"是反映区域医疗卫生状况的指标之一，区域人口基数不同，该指标会相差很大。我们认为，可以使用"财政医疗卫生支出万人均值"指标来综合衡量医疗卫生发展状况。人均绿地公园面积指标可以直接从现行统计中获取。

　　《国家新型城镇化发展规划》第七章第二节提出要完善公共就业创业服务体系，新型城镇化指标体系中没有相应指标，但提出了农民工职业技能提升计划。依据现行统计指标体系，课题组认为，可以通过衡量财政就业领域支出万人均值间接反映公共就业创业服务体系的发展状况。第三节提出要扩大社会保障覆盖面。课题组认为，可以通过提高城镇人口基本养老保险和基本医疗保险参保面，以及增加社会保障支出以提高新型城镇化背景下城镇常住人口社会保障覆盖程度。综上所述，指标体系中可以包含"城镇人口基本养老保险覆盖率"、"城镇基本医疗保险参保率"、"财政社会保障和就业支出万人均值"三个衡量指标。但按照新型城镇化指标的解释，基本养老保险、基本医疗保险参保率指标中不包含 16 周岁以下人员和在校学生，统计数据中有幼儿园、小学、初中、高中学生人数统计数据，但人口年龄结构和学生没有交叉，且幼儿园人数数据不齐全。课题组认为，假定各地市人口的年龄结构没有显著差异，可以使用各区域户籍城镇人口总数计算上述指标。后续的数据分析即建立在此假设之上。

二　其他指标分析

在新型城镇化主要评价指标体系中，没有考虑经济发展与收入水平等指标。发展经济学研究表明，城镇化发展与农业农村发展、农民增收共生。[①] 发展经济学家刘易斯（Lewis，1954）认为，发展中国家普遍存在着一种"二元经济结构"现象：一是农业部门，二是工业部门。农业部门与工业部门的密切联系主要通过农村剩余劳动力的转移来实现，而且城乡实际收入差距是影响劳动力流动决策的重要因素。托达罗（Todaro，1969）认为，农村剩余劳动力流向城镇的意愿主要取决于城乡居民之间的预期收入差距，预期收入差距越大，农村剩余劳动力流向城镇的意愿越强，流向城镇的农村剩余劳动力也就越多。其中，预期收入差距的决定因素有就业概率和工资水平。发展经济学的经典理论和中国发展经验已确证，城镇化发展具有强大的"收入效应"：一方面，城镇的高预期收入会吸引农村剩余劳动力不断流向工业部门，工业部门的高工资有助于农民脱贫致富，提高生活水平；另一方面，进入工业部门的农村剩余劳动力在城镇不断接受现代文明、现代生活方式和生产方式的熏陶，其知识水平和劳动技能不断增强，从而使其获得高工资的机会不断增多。农民作为"经济人"，"两利相权取其重"，利益驱动必然会使大量农民涌入城镇谋生，以寻求更高的收益和更好的生存状态。从中国的实际情况来看，2010 年，城乡居民收入比为 3.23：1，远高于刘易斯提出的30% 的差距水平。如果处于不充分就业状态的农村剩余劳动力继续固守土

---

① 谭崇台：《发展经济学概论》，武汉大学出版社 2001 年版。

地，不向非农产业和城镇转移，城乡收入差距将愈来愈大。就此意义而言，积极推动中国城镇化和城乡间劳动力流动，将会有效促进经济增长和社会进步。

根据以上理论与观点，我们认为，在新型城镇化主要评价指标体系中，使用了户籍人口城镇化率指标（同时还有常住人口城镇化率指标），城乡居民收入与城镇化具有密切联系，因此在评价指标体系中可以使用"城镇居民人均可支配收入"和"农村居民人均纯收入"指标。同时，居民收入又与经济发展水平和经济结构相关，因此应考虑 GDP 和产业结构指标。考虑 GDP 的总量特征，不同地区人口基数不同，因此应采用人均 GDP 指标反映区域经济发展水平。产业结构是新型城镇化持续发展的一个重要衡量指标，可以采用第一、二、三产业分别占 GDP 的比例来衡量产业结构的优化情况，因为在后续使用的统计分析软件中无法对一个比例关系（即三次产业比）进行数据处理。

另外一个指标是城市人口密度。从宜居角度看，一个城市的人口密度低则更适宜居住。另外该指标越小，则城市建设评价中的人均城市道路面积、人均公园绿地面积会越大，指标会存在较高的相关性，为使样本量和进行因子分析的指标数量保持一个合适的比例，我们认为，可以添加该指标，从而舍弃人均城市道路面积、人均公园绿地面积两个指标。

三　新型城镇化评价指标体系

综上所述，可建立如下评价指标体系（如表 2—3 所示）。

表 2—3　　　　　　　　　新型城镇化发展评价指标体系

序号	一级指标	二级指标	备注
1	经济发展	人均 GDP	
2		农村居民人均纯收入	
3		城镇居民人均可支配收入	
4		三次产业结构	三个变量
5	民生与社会保障	财政教育支出万人均值	
6		财政医疗卫生支出万人均值	
7		财政社会保障和就业支出万人均值	

序号	一级指标	二级指标	备注
8	城市建设	户籍人口城镇化率	
9		城市人口密度	数据倒数处理
10		建成区绿地覆盖率	
11		万人平均城市公共交通运营车辆	
12	环境与资源	二氧化硫排放量	数据倒数处理
13		烟（粉）尘排放量	数据倒数处理

第三节　数据处理

一　数据获取与处理

利用 2009 年、2014 年《山东省统计年鉴》，获取上述指标体系原始数据，并根据上述计算口径说明、计算相应统计指标。

后续的数据分析采用 SPSS 分析软件，会自动对数据进行标准化。但在指标体系中，有一些指标是反指标。因此需要对相应的指标数据进行反向处理。反向处理有两种办法：一是对变量取倒数，二是对变量取其负值。A. 约翰逊·理查德（A. Johnson Richad）对 1960—2004 年奥林匹克十项全能的 280 个完整的每项比赛的成绩进行标准化，对计时项目的符号做了改变，使得所有项目的得分越大越好，然后进行了因子分析 。本研究分别采用倒数法和负值法进行数据预处理，发现两种方法下的巴特利特球形检验均显著，但负值法的 KMO 值小于倒数法的 KMO 值，因此采用了倒数法，从而使得处理后的所有指标数值越大越好。在后续的数据处理中，不再一一注明有关指标是经过倒数处理的。

二　数据分析

采用 SPSS20.0，主要使用描述性统计和因子分析法进行数据分析。

（一）2013 年的数据分析

1. 因子分析的适宜

对基础篇中构建的新型城镇化评价指标体系进行因子分析，发现包含第一产业占 GDP 比例、第二产业占 GDP 比例等指标的矩阵为非正定矩阵，无法输出 KMO 检验值和巴特利特（Bartlett）球形度检验值，因而无法判断因子分析的可行性。有观点认为，虽然无法输出 KMO 检验值和巴特利特的球形度检验值，但只要后续分析显示因子分析可行就可以。为慎重起见，在后续的分析中，删除上述两个指标并作另行分析。另外，包含第三产业占 GDP 比例的因子分析，其 KMO 值低于 0.6，因此也删除了该指标。下面是包含 12 个指标的因子分析主要输出结果。

表 2—4   KMO 和 Bartlett 检验

取样足够的 Kaiser-Meyer-Olkin 度量		0.708
Bartlett 的球形度检验	近似卡方	201.802
	df	66
	Sig.	0

　　因子分析要求样本量不能太少。首先，一般而言，要求样本量至少是变量数的 5 倍以上，如果想得到比较理想的效果，则应该在 10 倍以上。但在实际的社会和经济问题分析中，很多时候，样本量达不到上述要求，此时可以适度放宽要求，通过检验来判断结果的可靠性。其次，各变量间应该具有相关性。如果变量间不相关，则无法提取公因子。在一些统计分析软件如 SPSS 中，可以通过 Bartlett 球形检验来判断，如果相关阵是单位阵，则各变量独立，因子分析会产生无效结果。另外，还应该对变量间的偏相关性进行检验，SPSS 中采用的是 KMO（Kaiser-Meyer-Olkin）检验。KMO 统计量越接近 1，变量间的偏相关性越强，因子分析的效果就越好。在实际分析工作中，KMO 统计量在 0.7 以上时效果较好，KMO 值在 0.5 以下时，不适合进行因子分析。[①] 依据凯撒（1974）的观点，题项间是否适合进行因素分析，可从取样适切性 KMO 值的大小来判别，进行因素分析的普通准则至少在 0.60 以上。变量间相关系数的显著性检验显示，13 个变量与其他绝大部分题项的 r 均达到显著，P 值绝大部分小于 0.05，适合进行因素分析。表 2—4 所示，该量表 KMO 值为 0.708，Bartlett 球形度检验的显著性小于 0.001，说明总体的相关矩阵间有共同因素存在，量表及各因子组成项目的建构效度良好，适合进行因子分析。

　　此外，还可运用共同性判别法进行是否适合做因子分析的判断。每个

---

① 张文彤：《SPSS 统计分析高级教程》，高等教育出版社 2004 年版。

初始变量主成分分析法抽取主成分后的共同性越低，表示变量越不适合进行因素分析，一般地，抽取主成分后的共同性估计值低于0.20，可考虑将该变量删除。从结果看（见表2—5），筛选后的所有变量萃取后的共同性估计值均远大于0.20，表示12个变量可进行因素分析。

表2—5 公因子方差

	初始	提取
教育支出万人均值	1.000	0.900
农村居民人均纯收入	1.000	0.881
城镇居民人均可支配收入	1.000	0.886
医疗卫生支出万人均值	1.000	0.846
社会保障就业支出万人均值	1.000	0.882
建成区绿化覆盖率	1.000	0.751
万人公共交通车辆	1.000	0.649
户籍人口城镇化率	1.000	0.909
AGDP	1.000	0.960
二氧化硫倒数	1.000	0.801
烟尘排放量倒数	1.000	0.922
人口密度倒数	1.000	0.787

提取方法：主成分分析

2. 因子的萃取

可以运用凯撒的特征值法、方差百分比法、碎石图检验法等进行因子萃取的数量判断。

首先运用凯撒的特征值大于1的方法判断抽取的因子数量。相关实证研究证实，变量数目介于10—40之间，采用特征值大于1的方法萃取的因素是可靠的。表2—6中成分的初始特征值大于1的有3个，可以认为抽取的因子数目有3个。

其次使用方差百分比法。根据海尔（Hair）等（1998）的观点，在社会科学领域，萃取的共同因素累积解释变异量能达60%以上，就表示共同因素是可靠的，若是共同因素累积解释变异量在50%以上，因素分析结果也是可以接受的。[1] 表2—6中前3个因子解释的累积变异量达到

---

[1] 吴明隆：《问卷统计分析与实务》，重庆大学出版社2010年版。

84.79%。因而，综合两种方法判断，萃取的共同因素可以判定为 3 个。

最后，使用碎石图检验法。碎石图（Scree Plot）一词来自地质学，表示在岩层斜坡下方发现的小碎石，这些碎石的地质学价值不高，可以忽略。在因子分析中，碎石图可以直观地评估哪些因子占数据中变异性的大部分。碎石图中的理想模式是一条陡曲线，接着是一段弯曲，然后是一条平坦或水平的线。保留陡曲线中在平坦线趋势开始的第一个点之前的那些分量或因子，确定为可以提取的因子数量。从图 2—1 的走势看，第三个成分点后图形产生明显转变，自第四个因素以后的走势较为平坦，可以确定萃取 3 个共同因素。结合特征值，判断萃取四个因子是合适的。

表 2—6 解释的总方差

成分	初始特征值			提取平方和载入			旋转平方和载入		
	合计	方差的%	累积%	合计	方差的%	累积%	合计	方差的%	累积%
1	6.571	54.755	54.755	6.571	54.755	54.755	5.709	47.577	47.577
2	2.205	18.378	73.133	2.205	18.378	73.133	2.624	21.868	69.444
3	1.398	11.652	84.785	1.398	11.652	84.785	1.841	15.340	84.785
4	0.607	5.057	89.842						

以下省略

提取方法：主成分分析

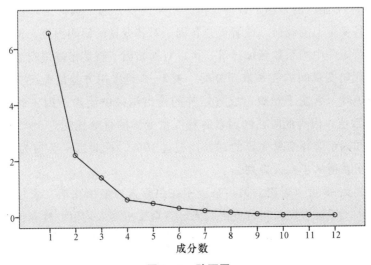

图 2—1 碎石图

3. 因子与因子载荷

表 2—7 成分矩阵^a

	成分		
	1	2	3
教育支出万人均值	0.948		
人均 GDP	0.919		
户籍人口城镇化率	0.899		
社会保障就业支出万人均值	0.879		
医疗卫生支出万人均值	0.869		
城镇居民人均可支配收入	0.854		
农村居民人均纯收入	0.852		
万人公共交通车辆	0.635	-0.466	
烟（粉）尘排放量	0.507	0.815	
城市人口密度		0.746	
建成区绿化覆盖率			0.776
二氧化硫排放量	0.413	0.535	0.587

提取方法：主成分分析法

a. 已提取了 3 个成分

表 2—7 显示的是因子载荷矩阵。严格地讲，因子载荷矩阵应该是各因子在各变量上的载荷，或者说是各因子对各变量的影响程度。但为了使因子载荷矩阵中的系数更加显著，可以对初始因子载荷矩阵进行旋转，使因子和原始变量间的关系重新分配。表 2—8 是采用方差最大正交旋转后的成分矩阵。为便于观察，成分矩阵的输出结果中删除了因子载荷低于0.40 的数值，因为此时共同因素解释变量变异的百分比达到 16%（一般要求共同因素解释变量变异的百分比超过 10%，此时因子负荷为 0.32），并将因子载荷从小到大排列。

从表 2—8 可以看出，第一公因子在户籍人口城镇化率、农村居民人均纯收入、城镇居民人均可支配收入、教育支出万人均值、社会保障就业支出万人均值、医疗卫生支出万人均值、万人公共交通车辆和人均 GDP指标上有较大载荷，第二因子在城市人口密度、烟（粉）尘排放量两个指标上有较大载荷，第三因子在建成区绿化覆盖率、二氧化硫排放量两个指标上有较大载荷。

表 2—8 　　　　　　　　　　　　旋转成分矩阵[a]

	成分		
	1	2	3
户籍人口城镇化率	0.943		
农村居民人均纯收入	0.921		
城镇居民人均可支配收入	0.917		
教育支出万人均值	0.853		
社会保障就业支出万人均值	0.850		
医疗卫生支出万人均值	0.749	0.533	
万人公共交通车辆	0.746		
人均 GDP	0.717	0.640	
城市人口密度		0.885	
烟（粉）尘排放量		0.877	
建成区绿化覆盖率			0.848
二氧化硫排放量			0.808

提取方法：主成分分析法

旋转法：具有 Kaiser 标准化的正交旋转法

a. 旋转在 5 次迭代后收敛

4. 因子表达式

表 2—9 　　　　　　　　　　　　成分得分系数矩阵

	成分		
	1	2	3
教育支出万人均值	0.132	0.062	0.017
农村居民人均纯收入	0.185	− 0.123	0.025
城镇居民人均可支配收入	0.194	0.018	− 0.189
医疗卫生支出万人均值	0.113	0.176	− 0.116
社会保障就业支出万人均值	0.140	− 0.106	0.170

	成份		
	1	2	3
建成区绿化覆盖率	− 0.046	− 0.140	0.541
万人公共交通车辆	0.161	− 0.193	0.073
户籍人口城镇化率	0.190	− 0.014	− 0.107
人均 GDP	0.082	0.209	− 0.025
二氧化硫倒数	− 0.098	0.068	0.474
烟（粉）尘排放量倒数	− 0.087	0.345	0.128
人口密度倒数	− 0.071	0.412	− 0.145

提取方法：主成分分析法。　旋转法：具有 Kaiser 标准化的正交旋转法

从表 2—8 所示为因子得分函数系数矩阵，依据表中各变量的顺序，以 X_1—X_{12} 代表各变量，据此可以写出各因子的表达式：

$$F_1 = 0.132X_1 + 0.185X_2 + 0.194X_3 + 0.113X_4 + 0.140X_5 - 0.046X_6$$
$$+ 0.161X_7 + 0.190X_8 + 0.082X_9 - 0.098X_{10} - 0.087X_{11} - 0.071X_{12}$$
$$F_2 = 0.062X_1 - 0.123X_2 + 0.018X_3 + 0.176X_4 - 0.106X_5 - 0.140X_6$$
$$- 0.193X_7 - 0.014X_8 + 0.209X_9 + 0.068X_{10} + 0.345X_{11} + 0.412X_{12}$$
$$F_3 = 0.017X_1 + 0.025X_2 - 0.189X_3 - 0.116X_4 + 0.170X_5 + 0.541X_6$$
$$+ 0.073X_7 - 0.107X_8 - 0.025X_9 + 0.474X_{10} + 0.128X_{11} + 0.145X_{12}$$

运用 SPSS 分析软件时，上述因子得分会由系统计算，选择保存时各因子得分会保留在 fac_1 – fac_3 中。

5. 样本因子综合得分

依据研究目的，需要计算山东省 17 个地市的因子综合得分。以各因子所对应的方差贡献率为权数计算如下综合统计量：

$$F = \frac{\lambda_1}{\lambda_1 + \lambda_2 + \lambda_3}F_1 + \frac{\lambda_2}{\lambda_1 + \lambda_2 + \lambda_3}F_2 + \frac{\lambda_3}{\lambda_1 + \lambda_2 + \lambda_3}F_3$$
$$= 0.6459F_1 + 0.2167F_2 + 0.1374F_3$$

依据上式，计算出山东省 17 个地市综合因子得分并排名（如表 2—10 所示）。

表 2—10　　　　　　　　2013 年因子分析得分及各地市位次

地市	F_1	F_2	F_3	综合得分	位次
济南	1.44369	−0.31387	−1.35997	0.677604	4
青岛	1.86437	−0.76119	0.05055	1.046192	2
淄博	0.89015	−0.59088	−0.60562	0.363692	6
枣庄	−0.86017	−0.22367	0.04792	−0.59747	15
东营	0.67324	3.75802	0.14076	1.268549	1
烟台	1.02813	−0.37684	−0.00278	0.582026	5
潍坊	−0.16524	0.11169	−1.10381	−0.23419	9
济宁	−0.20366	−0.21883	−1.82528	−0.42976	11
泰安	−0.64268	−0.04333	0.34643	−0.3769	10
威海	1.19631	−0.61276	2.67201	1.007046	3
日照	−0.80218	−0.00561	0.57459	−0.4404	12
莱芜	−0.30199	0.06031	0.22225	−0.15145	8
临沂	−0.62713	−0.2994	−0.73629	−0.57111	14
德州	−0.82965	0.04602	0.24972	−0.49159	13
聊城	−1.12088	−0.09708	0.83592	−0.63016	16
滨州	0.01061	−0.11136	0.5158	0.053592	7
菏泽	−1.5529	−0.32122	−0.0222	−1.07568	17

　　尽管因子分析中要求各因子应该具有实际意义，但本研究的着重点并不在于通过提取因子并命名因子。因子分析的重点在于考察数据的关联程度，计算过程中所提取的是各变量间的相关性。而本研究想揭示的是类别间的差异，即解释不同地市在各变量上的差异，因此后续研究采用的是对应分析法，并不特别关注各因子的实际意义。如同聚类分析一样，本研究通过因子分析进行变量聚类，然后对每一类变量进行对应分析，以形象地解释山东省 17 个地市的差异情况并着重解释潍坊市在 2013 年的全省排名，免除大部分浏览该内容的人因为因子分析的复杂运算而产生的疑惑与不解。

　　6. 因子分析基础上的 2013 年各地市与变量对应分析

　　对应分析方法运用所有评价指标和类别形成行点列点散点图，以揭示类别间的差异。本书则将第一因子和其他三个因子所对应的指标分别进行分析，以突出主要或影响程度大的和次要或影响程度小的指标的类别间差异。

（二）第一因子对应图

本研究使用了分类汇总的数据来反映不同地市的相应变量值，下面运用基于均值的对应分析来描述各地市在相应变量上的表现是否存在差异，如东营市的人均 GDP 是否在所有地市中最高或处于什么水平。按照对应分析步骤，先对数据进行标准化，使用欧式距离代表相应单元格均值偏离无关联假设的程度。根据数据内容，所要着重考察的是各地市在相应变量上的水平差异，如东营市的城镇居民人均可支配收入是否高于青岛市，因此在考虑使用欧式距离后，需要选定距离的标准化方法。鉴于指标量纲不同，最大和最小值差距明显，因此使用 Column Totals are Equalized and Column Means Removed 这一标准化方法，以消除各指标均值和量纲的不同影响，同时保留地区发展水平的差异。

下面对主要输出结果进行分析。

首先输出的是模块的版权信息。该模块是由荷兰 Leiden University 的 Data Theory Scaling System Group（DTSS）课题组编制的，随后是正式的分析结果。在后续的分析中，不再一一说明版权信息。

表2—11　　　　　　　　　　　　　**信任度**

Correspondence
Version 1. 1
by
Data Theory Scaling System Group （DTSS）
Faculty of Social and Behavioral Sciences
Leiden University, The Netherlands

表 2—12 显示，第一个维度占总信息量的 71.3%，第二个维度占总信息量的 20.9%，第三个维度仅占总信息量的 3.6%，前两个维度合计占总信息量的 92.2%，加上二维图比三维图更容易观察和理解，因此完全可以使用二维空间进行分析结果的解释。

表 2—12 摘要

| 维数 | 奇异值 | 惯量 | 惯量比例 | | 置信奇异值 | 相关 |
			解释	累积	标准差	2
1	0.284	0.081	0.713	0.713	0	0.424
2	0.154	0.024	0.209	0.923	0	
3	0.064	0.004	0.036	0.958		
4	0.051	0.003	0.023	0.981		
5	0.040	0.002	0.014	0.995		
6	0.018	0	0.003	0.998		
7	0.015	0	0.002	1.000		
总计		0.113	1.000	1.000		

表 2—13 概述行点[a]

| 行 | 质量 | 维中的得分 | | 惯量 | 贡献 | | | | |
| | | 1 | 2 | | 点对维惯量 | | 维对点惯量 | | |
					1	2	1	2	总计
济南	0.059	-0.418	-0.011	0.004	0.036	0	0.660	0	0.660
青岛	0.059	-1.002	-0.582	0.021	0.208	0.130	0.816	0.149	0.966
淄博	0.059	-0.201	0.430	0.003	0.008	0.071	0.240	0.596	0.836
枣庄	0.059	0.476	0.179	0.004	0.047	0.012	0.910	0.070	0.980
东营	0.059	-0.808	1.139	0.024	0.135	0.496	0.464	0.499	0.962
烟台	0.059	-0.408	0.047	0.004	0.034	0.001	0.759	0.006	0.764
潍坊	0.059	0.260	0.053	0.002	0.014	0.001	0.536	0.012	0.548
济宁	0.059	0.145	-0.517	0.004	0.004	0.102	0.096	0.659	0.756
泰安	0.059	0.402	0.113	0.003	0.034	0.005	0.902	0.039	0.941
威海	0.059	-0.921	-0.308	0.016	0.176	0.036	0.903	0.055	0.958
日照	0.059	0.394	0.234	0.003	0.032	0.021	0.830	0.158	0.988
莱芜	0.059	0.227	0.108	0.001	0.011	0.004	0.615	0.075	0.691
临沂	0.059	0.506	-0.128	0.005	0.053	0.006	0.926	0.032	0.959
德州	0.059	0.307	-0.187	0.002	0.020	0.013	0.791	0.159	0.950
聊城	0.059	0.483	-0.092	0.004	0.048	0.003	0.942	0.018	0.960

| 行 | 维中的得分 | | | | 贡献 | | | | |
| | | | | | 点对维惯量 | | 维对点惯量 | | |
	质量	1	2	惯量	1	2	1	2	总计
滨州	0.059	− 0.231	− 0.503	0.004	0.011	0.097	0.245	0.632	0.878
菏泽	0.059	0.788	0.025	0.011	0.129	0	0.969	0.001	0.970
有效总计	1.000			0.113	1.000	1.000			

注：a. 对称标准化。

　　从行点概览表可看出，第二列质量是各类别构成比，由于每个类别中的频数只有一个，即 17 个地市对应 17 个类别，因此"质量"一列的数值是一致的，0.590 ≈ 1/17。第三列"维中的得分"给出的是各类别在相关维度上的评分，是在提取的两个维度上各类别的因子载荷值，这些载荷值实际上成为分布图中数据点的坐标，如东营市在第一维度和第二维度上的载荷分别为 − 0.808 和 1.139，在图中可以明显地看到东营市的数据点位置。随后列出了惯量在行变量中的分解情况，反映了总惯量中分别由各行变量类别提供的部分，数值越大，说明该类别对惯量的贡献越大，或者说能够解释列联表中两变量联系的程度越大。"贡献"列中"点对维惯量"是行变量各类别对第一、第二维度值差异的影响程度。由表 2—13 可见，第一维度的信息主要被青岛、东营、威海、菏泽四市所携带，或者说这四个地市在第一维度上的区分度较好，这从坐标值中也可以看出来。同理，在第二维度上，青岛、东营、济宁的区分度较好。一种直观的感觉是东营市和青岛市在两个维度上与其他地市能够明显区分开，意味着这两市的综合评价比其他地市更好。随后给出的是各类别（地市）信息在各维度上的分布比例，例如东营市在第一维度上的信息分布比例为 46.4%，在第二维度上则为 49.9%。需要注意的是，潍坊市在第一、第二维度上只提取了 54.8% 的信息量，在一般情况下需要考虑是否引入第三维度加以解释。但这个对应分析只是第一因子所包含指标的对应分析，是否加入第三维度则由后续分析完成后视情况而定。

表 2—14 概述列点[a]

列	质量	维中的得分 1	维中的得分 2	惯量	贡献 点对维惯量 1	贡献 点对维惯量 2	贡献 维对点惯量 1	贡献 维对点惯量 2	总计
ESTTA	0.125	−0.621	0.191	0.016	0.170	0.030	0.873	0.045	0.918
RU	0.125	−0.347	0.099	0.006	0.053	0.008	0.762	0.034	0.796
UPDI	0.125	−0.208	0.027	0.002	0.019	0.001	0.699	0.007	0.706
AGDP	0.125	−0.765	0.640	0.029	0.258	0.333	0.707	0.268	0.975
METTA	0.125	−0.295	0.176	0.005	0.038	0.025	0.669	0.129	0.798
RPNI	0.125	−0.248	−0.010	0.003	0.027	0	0.756	0.001	0.756
IETTA	0.125	−0.560	0.018	0.014	0.138	0	0.779	0	0.780
PTVTTA	0.125	−0.822	−0.861	0.039	0.298	0.603	0.622	0.370	0.992
有效总计	1.000			0.113	1.000	1.000			

注：a. 对称标准化。

概述列点显示了列变量分类降维的情况，含义与概述行点类似。需要注意的是，概述行点和列点的惯量总和是相等的，即行列分别在相同的解释空间中进行，故此相应的类别散点才能被放在同一个空间中。另外，为使行点列点图能够清晰地列示并展现差异与联系，分别对第一因子中的变量名称以其英文缩写代替，ESTTA 代表财政教育支出万人均值，RU 代表户籍人口城镇化率，UPDI 代表城镇居民人均可支配收入，AGDP 代表人均 GDP，METTA 代表财政医疗卫生支出万人均值，RPNI 代表农村居民人均纯收入，IETTA 代表财政社会保障和就业支出万人均值，PTVTTA 代表城市公共交通车辆万人均值。

图 2—2、图 2—3 分别列示了行点和列点。但对应分析中最重要的是行点列点的对应分析图，是对应分析中最重要的输出结果，多数分析报告均使用该图进行解释。

首先对 SPSS 分析得到的行点列点对应图（图 2—4）进行修饰和编辑，运用向量分析法对图形进行解读。向量分析的基本思路是可以从中心向任意点连线，形成向量，然后向这条向量及延长线上作垂线，垂点越靠近向量正向的，表示发展水平越高。

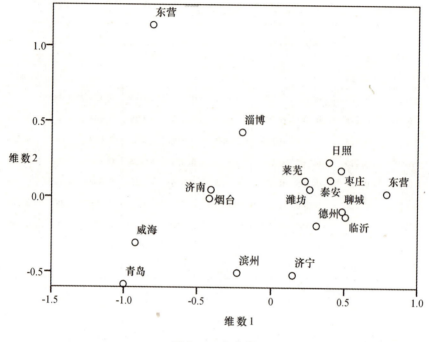

图2—2 行点图

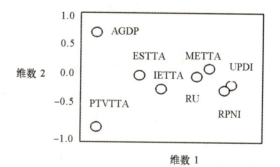

图2—3 列点图

例如，从中心向 AGDP 做向量，地市向量的垂线在向量正方向的依次是东营、威海和青岛、烟台和济南、淄博、滨州，其他地市的垂线在向量反方向，距离最远的是菏泽，如图2—4。意味着东营的人均 GDP 是最高的，威海和青岛相差无几，淄博第三，滨州第四，最低的是菏泽。为进一步验证这个结论，可以看一下 17 地市的人均 GDP 。东营市的人均 GDP

为 156356 元/人，威海为 91010 元人，青岛为 89797 元/人，菏泽市仅为 24542 元/人。

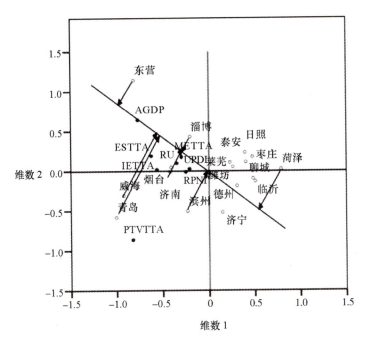

图 2—4　行点列点向量分析图

通常可以根据指标散点与各地市在图形中的位置进行地市发展水平的分类。由于绝大部分指标散点位于第二象限，原点与指标的向量正方向在第二三象限，因此可以判断，第二三象限为发展较好的地市，第一象限为发展程度中等的地市，第四象限为欠发达地市。由此，从第一因子所涉及的 8 个指标看，新型城市化发展水平较高的包括东营、青岛、威海、烟台、淄博、济南、滨州，发展水平中等的是泰安、日照、莱芜、枣庄、菏泽、潍坊，发展水平较低的包括德州、临沂、聊城、济宁四地市。

按照同样的思路对第二、三、四因子所形成的行点列点散点图进行简单分析。

第二、三、四因子所包含的指标有城市人口密度（UPD）、二氧化硫排放量（SO₂E）、烟（粉）尘排放量（SE）、建成区绿化覆盖率（BAGC）四个。

表 2—15   **摘要**

维数	奇异值	惯量	惯量比例		置信奇异值	
			解释	累积	标准差	相关
						2
1	0.443	0.196	0.824	0.824	0.023	−0.153
2	0.173	0.030	0.126	0.950	0.017	
3	0.109	0.012	0.050	1.000		
总计		0.238	1.000	1.000		

表 2—16   **概述行点[a]**

行	质量	维中的得分		惯量	贡献				
					点对维惯量		维对点惯量		
	质量	1	2	惯量	1	2	1	2	总计
济南	0.059	−0.489	−0.135	0.007	0.032	0.006	0.906	0.027	0.933
青岛	0.059	−0.256	0.038	0.002	0.009	0	0.964	0.008	0.972
淄博	0.059	−0.522	0.158	0.010	0.036	0.008	0.678	0.024	0.702
枣庄	0.059	−0.080	−0.539	0.004	0.001	0.099	0.047	0.842	0.889
东营	0.059	2.435	0.409	0.156	0.788	0.057	0.989	0.011	0.999
烟台	0.059	−0.256	−0.017	0.002	0.009	0	0.962	0.002	0.964
潍坊	0.059	−0.224	0.691	0.006	0.007	0.162	0.211	0.783	0.993
济宁	0.059	−0.497	0.355	0.008	0.033	0.043	0.807	0.161	0.968
泰安	0.059	0.120	−0.177	0.001	0.002	0.011	0.461	0.396	0.857
威海	0.059	0.423	−1.196	0.020	0.024	0.486	0.234	0.734	0.968
日照	0.059	−0.092	−0.298	0.002	0.001	0.030	0.109	0.448	0.557
莱芜	0.059	−0.260	0.449	0.010	0.009	0.068	0.185	0.216	0.401
临沂	0.059	−0.393	0.252	0.005	0.020	0.022	0.860	0.139	0.999
德州	0.059	0.142	0.100	0.001	0.003	0.003	0.818	0.158	0.976
聊城	0.059	0.199	−0.083	0.002	0.005	0.002	0.534	0.037	0.571
滨州	0.059	0.132	0.054	0.001	0.002	0.001	0.901	0.059	0.960
菏泽	0.059	−0.382	−0.061	0.004	0.019	0.001	0.977	0.010	0.987
有效总计	1.000			0.238	1.000	1.000			

注: a. 对称标准化。

表 2—17 概述列点[a]

列	质量	维中的得分		惯量	贡献				
					点对维惯量		维对点惯量		
	质量	1	2	惯量	1	2	1	2	总计
SO_2E	0.250	0.336	−0.520	0.031	0.064	0.390	0.407	0.382	0.789
UPD	0.250	0.493	0.637	0.048	0.137	0.585	0.563	0.368	0.931
SE	0.250	1.189	−0.116	0.159	0.799	0.019	0.983	0.004	0.986
BAGC	0.250	0.026	−0.063	0.001	0	0.006	0.073	0.162	0.235
有效总计	1.000			0.238	1.000	1.000			

注：a. 对称标准化。

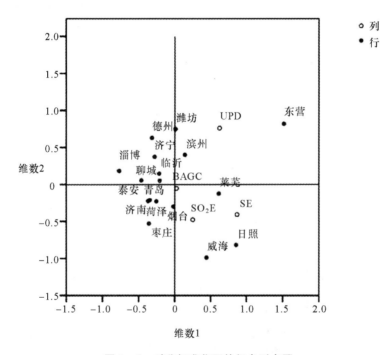

图 2—5 对称标准化下的行点列点图

从行点和列点散点图看，东营市和济宁市远离其他地市形成了城市群。鉴于二氧化硫排放和烟（粉）尘排放量、城市人口密度已经做倒数处理，因此在二维散点图上。东营市均在所有由原点形成的射线的正方向上，其中在 Y 轴附近的三个指标上均处于最好位置，在烟（粉）尘排放量上则接近原点。因此东营市是在第二三因子对应的指标的行点和列点散点图中表现最好的城市。从数据上看，东营市 2013 年烟（粉）尘排放量7559 吨，相当于山东省均值的 18.44%，居山东省第一位；二氧化硫排放量 54660 吨，相当于山东省平均水平的 56.49%，居山东省第二位；城市人口密度为 598 人/平方公里，居山东省第一位；建成区绿化覆盖率为42.7%，接近山东省平均水平。此外，威海市在上述标准中的表现也很好。与之相反的是济宁市，该市 2013 年烟（粉）尘排放量为 75248 吨，居山东省倒数第二位，二氧化硫排放量为 136544 吨，居山东省倒数第一位，城市人口密度为 1523 人，居山东省第七位，建成区绿化覆盖率居山东省倒数第一位，这些信息很清楚地表现在二维散点图中，因此济宁市是第二三因子所对应的指标的行点和列点散点图中表现最差的城市。潍坊市在上述散点图中表现较好的是城市人口密度，很差的是二氧化硫排放量，较差的是烟（粉）尘排放量，信息量被提取了 99.3%。注意，在该散点图中，建成区绿化覆盖率指标丢失了大量信息，如果需要深刻分析指标，则需要列制三维散点图。

（三）12 个指标的对应分析

表 2—18　　　　　　　　　　　　摘要

维数	奇异值	惯量	惯量比例		置信奇异值	
						相关
			解释	累积	标准差	2
1	0.294	0.087	0.559	0.559	0.001	0.246
2	0.204	0.042	0.270	0.829	0	
3	0.104	0.011	0.070	0.899		
4	0.091	0.008	0.054	0.953		
5	0.065	0.004	0.027	0.980		
6	0.040	0.002	0.010	0.990		
7	0.027	0.001	0.005	0.995		
8	0.020	0	0.003	0.997		
9	0.013	0	0.001	0.999		
10	0.012	0	0.001	0.999		
11	0.009	0	0.001	1.000		
总计		0.155	1.000	1.000		

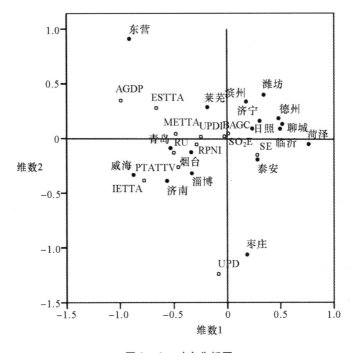

图2—6 对应分析图

从图2—6看，由于指标大部分集中在第二象限，因此判断，居第二象限的青岛市、威海市、烟台市，第三象限的东营市属于整体发展水平较高的地市。第一象限的地市发展一般，第四象限的地市发展较为落后，最差的为枣庄市和菏泽市，这与因子分析的结论是很相似的。但淄博市、潍坊市、莱芜市、滨州市在二维散点图中丢失的信息很多，单纯研读上述行点列点图可能会得出错误的结论，需要慎重。

（四）2008年的数据分析

1. 因子分析的适宜性

表2—19　　　　　　　　　　KMO 和 Bartlett 的检验

取样足够度的 Kaiser-Meyer-Olkin 度量		0.507
Bartlett 的球形度检验	近似卡方	184.287
	df	66
	Sig.	0

表 2—20　　　　　　　　　　　　公因子方差

	初始	提取
人均 GDP	1.000	0.922
万人教育支出额	1.000	0.872
农村居民人均纯收入	1.000	0.838
城镇居民人均可支配收入	1.000	0.881
万人医疗卫生支出额	1.000	0.806
万人社会保障支出额	1.000	0.800
城市人口密度	1.000	0.883
建成区绿化覆盖率	1.000	0.601
万人平均公共交通运营车辆	1.000	0.711
二氧化硫排放量	1.000	0.892
烟（粉）尘排放量	1.000	0.835
户籍人口城镇化率	1.000	0.752

依据表 2—20 和张文彤的观点，KMO 值只有 0.507，略高于不适合进行因子分析的程度。但 12 个变量提取的公因子方差均远大于 0.20 的标准，因此进行下面的分析。

2. 因子的萃取

表 2—21　　　　　　　　　　　　解释的总方差

成份	初始特征值			提取平方和载入			旋转平方和载入		
	合计	方差的%	累积%	合计	方差的%	累积%	合计	方差的%	累积%
1	5.853	48.776	48.776	5.853	48.776	48.776	5.346	44.550	44.550
2	2.034	16.948	65.724	2.034	16.948	65.724	2.283	19.029	63.578
3	1.904	15.866	81.589	1.904	15.866	81.589	2.161	18.011	81.589
4	0.770	6.418	88.008						
以下省略									

注：提取方法：主成分分析法。

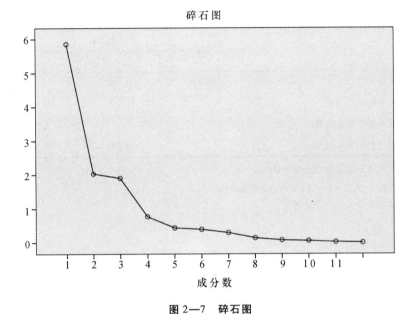

图 2—7　碎石图

依据解释的总方差和碎石图，可以确定，提取的因子有 3 个。

3. 因子与因子载荷

表 2—22 是采用方差最大正交旋转后的成分矩阵。为便于观察，成分矩阵的输出结果中删除了因子载荷低于 0.40 的数值，并将因子载荷从小到大依据旋转成分矩阵排列。

表 2—22 旋转成分矩阵[a]

	成分		
	3	1	2
城镇居民人均可支配收入	0.912		
农村居民人均纯收入	0.905		
户籍人口城镇化率	0.865		
万人平均公共交通运营车辆	0.825		
万人社会保障支出额	0.815		
万人医疗卫生支出额	0.778	0.440	
万人教育支出额	0.692	0.621	
城市人口密度		0.907	

续表

	成分		
	3	1	2
人均 GDP	0.671	0.682	
二氧化硫排放量			0.939
建成区绿化覆盖率			0.756
烟（粉）尘排放量		0.571	0.708

注：提取方法：主成分分析法。

旋转法：具有 Kaiser 标准化的正交旋转法。

a. 旋转在 4 次迭代后收敛。

4. 因子表达式

表 2—23　　　　　　　　　　成分得分系数矩阵

	成分		
	3	1	2
人均 GDP	0.070	0.264	− 0.011
万人教育支出额	0.081	0.232	− 0.008
农村居民人均纯收入	0.185	− 0.080	0.014
城镇居民人均可支配收入	0.179	0.012	− 0.088
万人医疗卫生支出额	0.118	0.135	− 0.014
万人社会保障支出额	0.162	− 0.120	0.132
人口密度倒数	− 0.124	0.468	− 0.086
建成区绿化覆盖率	0	− 0.071	0.357
万人均公共交通运营车辆	0.193	− 0.168	− 0.020
二氧化硫排放量	− 0.056	− 0.051	0.457
烟（粉）尘排放量	− 0.080	0.258	0.325
户籍人口城镇化率	0.189	− 0.083	− 0.077

注：提取方法：主成分分析法。　　旋转法：具有 Kaiser 标准化的正交旋转法。

依据表 2—23，可以列出各因子的数学表达式。由于成分得分系数数值已经保存在 SPSS 中，因此省略相应数学表达式。

5. 样本因子综合得分

依据研究目的，同样需要计算山东省 17 个地市的因子综合得分。以

各因子对应的方差贡献率为权数计算如下综合统计量:

$$F = \frac{\lambda_1}{\lambda_1 + \lambda_2 + \lambda_3}F_1 + \frac{\lambda_2}{\lambda_1 + \lambda_2 + \lambda_3}F_2 + \frac{\lambda_3}{\lambda_1 + \lambda_2 + \lambda_3}F_3$$
$$= 0.5978F_1 + 0.2077F_2 + 0.1945F_3$$

表 2—24　　　　　　　　2008 年各地市因子得分及位次

地市	F_1	F_2	F_3	综合得分	位次
济南	1.66771	− 0.64074	− 0.65978	0.735548	4
青岛	1.64929	− 0.47784	− 0.56546	0.776716	3
淄博	1.10978	− 0.50481	− 0.96563	0.370762	7
枣庄	− 0.41909	− 0.64263	− 0.52245	− 0.48562	13
东营	0.40154	3.5177	− 0.18926	0.933856	2
烟台	0.86351	− 0.30339	0.04753	0.462437	5
潍坊	− 0.49674	0.43462	− 1.00009	− 0.4012	12
济宁	− 0.28559	− 0.18195	− 0.94616	− 0.39254	10
泰安	− 0.34908	− 0.78006	0.2649	− 0.31918	9
威海	1.30945	− 0.23186	2.4862	1.218198	1
日照	− 0.74646	0.00218	1.71228	− 0.11274	8
莱芜	0.10167	0.55776	1.2785	0.425293	6
临沂	− 0.69304	− 0.45434	− 0.1122	− 0.53049	14
德州	− 0.7267	− 0.16036	− 0.8113	− 0.62553	16
聊城	− 0.96921	− 0.33521	0.14329	− 0.62115	15
滨州	− 0.66846	0.67797	− 0.62058	− 0.37949	11
菏泽	− 1.74857	− 0.47703	0.46019	− 1.05487	17

三　因子分析基础上的 2008 年对应分析

（一）第一因子的对应分析

表 2—25　　　　　　　　　　　　摘要

维数			惯量比例		置信奇异值	
						相关
	奇异值	惯量	解释	累积	标准差	2
1	0.268	0.072	0.692	0.692	0.001	0.383

续表

维数	奇异值	惯量	惯量比例		置信奇异值	相关
			解释	累积	标准差	2
2	0.108	0.012	0.112	0.804	0.001	
3	0.103	0.011	0.102	0.906		
4	0.079	0.006	0.060	0.967		
5	0.054	0.003	0.028	0.995		
6	0.024	0.001	0.005	1.000		
总计		0.103	1.000	1.000		

从表 2—25 可看出，前两个维度提取了信息量的 80.4%，与 2013 年的第一因子对应分析提取的信息量相比低 10 多个百分点。在其适应多元统计分析一书中，表 2—26 提示，潍坊市和滨州市的二维信息提取量不到 50%，意味着如果需要进行详细分析，应该增加第三维，累积惯量比例会增加到 90.6%。

表 2—26   概述行点[a]

行	维中的得分			惯量	贡献				
	质量	1	2		点对维惯量		维对点惯量		
					1	2	1	2	总计
济南	0.059	-0.828	-0.408	0.015	0.151	0.091	0.725	0.071	0.796
青岛	0.059	-0.684	0.465	0.010	0.103	0.119	0.747	0.139	0.886
淄博	0.059	-0.494	0.083	0.004	0.054	0.004	0.897	0.010	0.907
枣庄	0.059	0.273	-0.079	0.001	0.016	0.003	0.844	0.029	0.872
东营	0.059	-0.430	0.726	0.010	0.041	0.288	0.304	0.348	0.651
烟台	0.059	-0.347	-0.254	0.003	0.027	0.035	0.723	0.155	0.878
潍坊	0.059	0.349	0.325	0.005	0.027	0.058	0.365	0.127	0.492
济宁	0.059	0.264	0.343	0.003	0.015	0.064	0.394	0.268	0.662
泰安	0.059	0.283	-0.144	0.002	0.018	0.011	0.650	0.067	0.717
威海	0.059	-0.941	-0.570	0.017	0.195	0.178	0.811	0.119	0.930
日照	0.059	0.297	0.129	0.002	0.019	0.009	0.596	0.046	0.642

续表

行	质量	维中的得分		惯量	贡献				
					点对维惯量		维对点惯量		
	质量	1	2	惯量	1	2	1	2	总计
莱芜	0.059	-0.269	0.118	0.002	0.016	0.008	0.664	0.052	0.716
临沂	0.059	0.491	0.023	0.005	0.053	0	0.728	0.001	0.729
德州	0.059	0.446	-0.083	0.003	0.044	0.004	0.928	0.013	0.941
聊城	0.059	0.549	-0.028	0.005	0.066	0	0.883	0.001	0.884
滨州	0.059	0.229	-0.220	0.003	0.011	0.027	0.297	0.111	0.408
菏泽	0.059	0.814	-0.428	0.013	0.145	0.100	0.802	0.089	0.891
有效总计	1.000			0.103	1.000	1.000			

注：a. 对称标准化。

表 2—27　　　　　　　　　　**概述列点**[a]

列	质量	维中的得分		惯量	贡献				
					点对维惯量		维对点惯量		
	质量	1	2	惯量	1	2	1	2	总计
UPDI	0.143	-0.245	0.086	0.003	0.032	0.010	0.772	0.038	0.810
RPNI	0.143	-0.296	0.044	0.004	0.047	0.003	0.785	0.007	0.792
METTA	0.143	-0.439	0.051	0.010	0.103	0.004	0.743	0.004	0.747
RU	0.143	-0.546	0.078	0.017	0.159	0.008	0.685	0.006	0.691
IETTA	0.143	-0.811	-0.628	0.032	0.351	0.523	0.788	0.190	0.978
ESTTA	0.143	-0.565	0.550	0.020	0.171	0.402	0.607	0.231	0.837
PTATTV	0.143	-0.508	0.195	0.018	0.138	0.051	0.556	0.033	0.589
有效总计	1.000			0.103	1.000	1.000			

注：a. 对称标准化。

在图 2—8 中，指标大多位于第二象限，因此落在第二、三象限的地市发展状况较好。容易看出，青岛市、东营市在全省 17 个地市中处于前列，威海、济南两市相距很近，在上述指标中可以归为一类，淄博、莱芜两市可以归为一类，第一象限的地市归为一类，第四象限的地市除去菏泽市外可以归为一类，菏泽是上述指标中均处于最低水平的地市。作为重点分析对象的潍坊市则处于中等偏下位置。

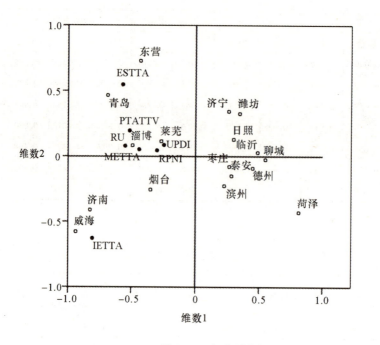

图 2—8　行点列点图

（二）第二三因子的对应分析

表 2—28   摘要

维数	奇异值	惯量	惯量比例		置信奇异值	相关
			解释	累积	标准差	2
1	0.321	0.103	0.556	0.556	0.001	0.016
2	0.221	0.049	0.264	0.819	0.001	
3	0.172	0.030	0.160	0.979		
4	0.063	0.004	0.021	1.000		
总计		0.186	1.000	1.000		

表 2—29 概述行点[a]

行	质量	维中的得分 1	维中的得分 2	惯量	贡献 点对维惯量 1	点对维惯量 2	贡献 维对点惯量 1	维对点惯量 2	总计
济南	0.059	-0.165	-0.082	0.003	0.005	0.002	0.167	0.029	0.196
青岛	0.059	-0.114	0.221	0.005	0.002	0.013	0.052	0.132	0.184
淄博	0.059	-0.315	0.414	0.011	0.018	0.045	0.167	0.198	0.365
枣庄	0.059	-0.370	-0.415	0.007	0.025	0.046	0.387	0.334	0.722
东营	0.059	1.905	0.625	0.074	0.664	0.104	0.931	0.069	1.000
烟台	0.059	0.119	-0.216	0.003	0.003	0.012	0.103	0.232	0.335
潍坊	0.059	-0.084	0.630	0.007	0.001	0.105	0.018	0.695	0.713
济宁	0.059	-0.313	0.359	0.004	0.018	0.034	0.485	0.440	0.925
泰安	0.059	-0.385	-0.147	0.003	0.027	0.006	0.872	0.088	0.959
威海	0.059	0.556	-0.902	0.019	0.057	0.216	0.303	0.551	0.854
日照	0.059	0.387	-0.982	0.019	0.027	0.256	0.149	0.660	0.809
莱芜	0.059	0.357	-0.277	0.006	0.023	0.020	0.399	0.165	0.564
临沂	0.059	-0.378	0.108	0.004	0.026	0.003	0.725	0.041	0.766
德州	0.059	-0.341	0.593	0.007	0.021	0.093	0.298	0.622	0.920
聊城	0.059	-0.353	0.028	0.004	0.023	0	0.659	0.003	0.662
滨州	0.059	0.057	0.306	0.002	0.001	0.025	0.026	0.514	0.540
菏泽	0.059	-0.563	-0.261	0.008	0.058	0.018	0.711	0.105	0.816
有效总计	1.000			0.186	1.000	1.000			

注：a. 对称标准化。

表 2—30 概述列点[a]

列	质量	维中的得分 1	维中的得分 2	惯量	贡献 点对维惯量 1	点对维惯量 2	贡献 维对点惯量 1	维对点惯量 2	总计
SE	0.200	0.751	-0.597	0.055	0.351	0.322	0.660	0.287	0.948
SO_2E	0.200	0.120	-0.569	0.019	0.009	0.293	0.049	0.758	0.807
UPD	0.200	0.609	0.628	0.053	0.231	0.357	0.453	0.332	0.785
BAGC	0.200	0.020	-0.060	0.001	0	0.003	0.030	0.182	0.213
AGDP	0.200	0.811	0.167	0.059	0.409	0.025	0.715	0.021	0.735
有效总计	1.000			0.186	1.000	1.000			

注：a. 对称标准化。

　　表 2—29 提示我们，在解读行点和列点图时，对济南市、青岛市、淄博市、烟台市要特别注意，不宜过多关注。表 2—30 提示建成区绿化覆盖率（BAGC）指标在第二维提取的信息量过少，不宜过多关注。

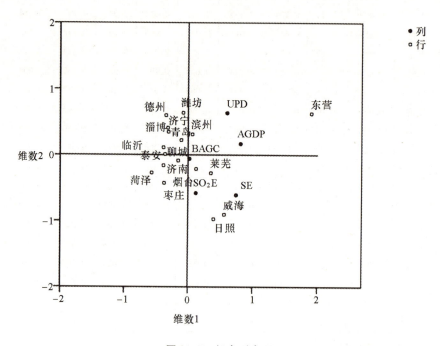

图 2—9　行点列点图

　　图 2—8 中指标位于第一、四象限，因此位于该两象限的地市发展水平较高。东营市的城市人口密度（UPD）和人均 GDP 远高于其他地市[①]，其烟（粉）尘排放量和二氧化硫排放量也较低；日照和威海两地市相距较近，可以归为一类。除了青岛和淄博市外，第二象限的地市可以归为一类。潍坊市在烟（粉）尘排放量（SE）、二氧化硫排放量（SO_2E）上处于相当不利的位置，在城市人口密度（UPD）上仅高于东营市，但在人均 GDP（AGDP）和建成区绿化覆盖率（BAGC）指标上则处于中等偏下水平。

---

　　① 城市人口密度是经过取倒数处理的。

（三）指标对应分析

表2—31 **摘要**

维数	奇异值	惯量	惯量比例		置信奇异值		
			解释	累积	标准差	相关	
						2	3
1	0.256	0.066	0.475	0.475	0	0.243	−.020
2	0.184	0.034	0.244	0.720	0.001		0.004
3	0.148	0.022	0.158	0.878	0.001		
4	0.078	0.006	0.044	0.922			
5	0.065	0.004	0.031	0.953			
6	0.049	0.002	0.017	0.970			
7	0.046	0.002	0.015	0.985			
8	0.032	0.001	0.007	0.992			
9	0.028	0.001	0.006	0.998			
10	0.014	0	0.001	0.999			
11	0.008	0	0.001	1.000			
总计		0.138	1.000	1.000			

表2—31显示，前两个维度只提取了72%的信息，因此需要考虑第三个维度。

表2—32 **概述行点**[a]

行	质量	维中的得分			惯量	贡献						
		1	2	3		点对维惯量			维对点惯量			
						1	2	3	1	2	3	总计
济南	0.059	0.399	0.701	−.156	0.010	0.037	0.157	0.010	0.240	0.532	0.021	0.794
青岛	0.059	0.385	0.476	−.484	0.008	0.034	0.073	0.093	0.288	0.316	0.262	0.866
淄博	0.059	0.204	0.520	−.571	0.007	0.010	0.086	0.130	0.087	0.406	0.395	0.888
枣庄	0.059	−.294	0.254	0.228	0.004	0.020	0.021	0.021	0.361	0.194	0.125	0.681
东营	0.059	1.200	−1.125	−.250	0.036	0.331	0.405	0.025	0.598	0.376	0.015	0.989
烟台	0.059	0.279	0.287	0.094	0.003	0.018	0.026	0.004	0.447	0.340	0.029	0.817
潍坊	0.059	−.289	−.420	−.404	0.006	0.019	0.057	0.065	0.204	0.309	0.230	0.743
济宁	0.059	−.321	−.070	−.305	0.003	0.024	0.002	0.037	0.485	0.017	0.251	0.753
泰安	0.059	−.343	0.173	0.088	0.002	0.027	0.010	0.003	0.715	0.130	0.027	0.872

行	质量	维中的得分			惯量	贡献						
						点对维惯量			维对点惯量			
	质量	1	2	3	惯量	1	2	3	1	2	3	总计
威海	0.059	0.853	0.488	0.644	0.018	0.167	0.076	0.165	0.607	0.142	0.199	0.949
日照	0.059	−.026	−.260	0.879	0.009	0	0.022	0.308	0.001	0.079	0.723	0.803
莱芜	0.059	0.288	−.189	0.302	0.004	0.019	0.011	0.036	0.354	0.110	0.225	0.689
临沂	0.059	−.495	−.089	−.022	0.005	0.056	0.003	0	0.805	0.018	0.001	0.825
德州	0.059	−.459	−.173	−.362	0.005	0.048	0.010	0.052	0.630	0.064	0.226	0.921
聊城	0.059	−.503	−.130	0.028	0.005	0.058	0.005	0	0.825	0.039	0.001	0.866
滨州	0.059	−.127	−.318	−.061	0.003	0.004	0.032	0.001	0.094	0.419	0.012	0.525
菏泽	0.059	−.749	−.125	0.350	0.011	0.129	0.005	0.049	0.763	0.015	0.096	0.874
有效总计	1.000				0.138	1.000	1.000	1.000				

注：a. 对称标准化。

表 2—33　　　　　　　　　　　　概述列点[a]

列	质量	维中的得分			惯量	贡献						
						点对维惯量			维对点惯量			
	质量	1	2	3	惯量	1	2	3	1	2	3	总计
SE	0.083	0.623	−.484	0.918	0.023	0.126	0.106	0.475	0.361	0.156	0.452	0.970
SO2E	0.083	0.101	0.047	0.731	0.008	0.003	0.001	0.301	0.028	0.004	0.833	0.865
UPD	0.083	0.293	−1.061	−.380	0.022	0.028	0.511	0.082	0.084	0.787	0.081	0.951
BAGC	0.083	0.030	0.017	0.070	0	0	0	0.003	0.055	0.012	0.166	0.232
AGDP	0.083	1.015	−.192	−.252	0.025	0.335	0.017	0.036	0.892	0.023	0.032	0.947
UPDI	0.083	0.223	0.104	−.124	0.002	0.016	0.005	0.009	0.613	0.094	0.109	0.817
RPNI	0.083	0.253	0.180	−.072	0.002	0.021	0.015	0.003	0.552	0.199	0.026	0.777
METTA	0.083	0.460	0.085	−.101	0.006	0.069	0.003	0.006	0.784	0.019	0.022	0.826
RU	0.083	0.435	0.363	−.217	0.010	0.061	0.060	0.027	0.417	0.208	0.060	0.685
IETTA	0.083	0.671	0.636	0.175	0.019	0.146	0.184	0.017	0.516	0.333	0.020	0.869
ESTTA	0.083	0.669	−.100	−.233	0.012	0.146	0.004	0.031	0.814	0.013	0.057	0.884
PTATTV	0.083	0.384	0.456	−.143	0.010	0.048	0.094	0.012	0.304	0.307	0.024	0.635
有效总计	1.000				0.138	1.000	1.000	1.000				

注：a. 对称标准化。

表 2—32 显示，滨州市通过三个维度也仅显示了 52.5% 的信息。该表显示建成区绿化覆盖率（BAGC）指标不宜通过三维图进行解读，其信

息值在三个维度上有 23.2% 的分布。

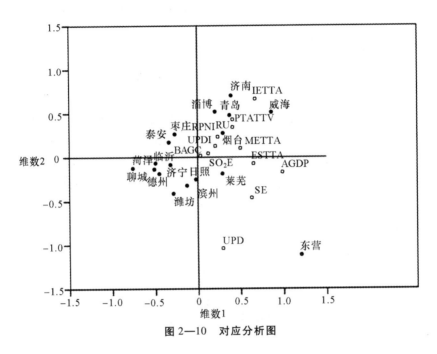

图 2—10 对应分析图

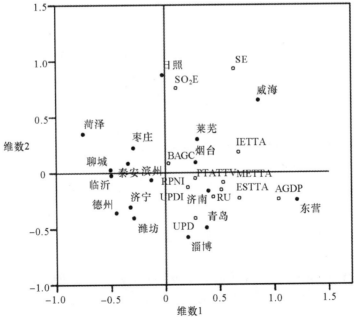

图 2—11 对应分析图

以上两个图是第一维与第二维、第一维与第三维的行列点对应图。有了前面的分析，此处不再赘述。感兴趣的读者可以仔细解读。

四　因子分析和对应分析的主要结论

综合 2008 年的数据，分析发现潍坊市下列指标在山东省位次靠前：卫生机构数位居山东省第二，卫生技术人员数位居山东省第一，财政支出位居山东省第四位，卫生机构数位居山东省第二，农村居民人均纯收入排名第六位，户籍人口城镇化率位居山东省第四位，第三产业产值位居山东省第四位，城市人口密度位列山东省第二，教育支出位居山东省第二位，教育支出占财政支出比例位居第一。另外，户籍人口总数排名第三位，但该指标在计算人均水平时，拉低了相应指标的位次。

分析显示，到 2008 年，潍坊市在教育、卫生事业、第三产业整体、农业等领域在山东省具有竞争力，但人口基数较大。

五　没有纳入因子分析的有关指标分析

除了上述纳入因子分析的指标外，我们认为，新型城镇化发展作为一项战略工程，还会受到其他因素的制约或影响。下面对一些没有纳入因子分析的指标进行简要分析。

（一）污水处理率

2008 年，山东省城市废水处理率为 84.14%，潍坊市为 69.72%，排名山东省第 16 位。最高的是临沂市，达到 98.64%。2013 年，潍坊污水处理率达 92.46%，较 2008 年提高了 23 个百分点，成效显著。但与山东省平均水平 94.93% 的比例相比仍然低 2.47 个百分点。如果考虑到该指标，潍坊市在山东省的位次还会降低。

（二）人均城市建设用地面积

2013 年，潍坊市城市建设用地面积为 168.20 平方公里，折合为 1.528 亿平方米，居山东省第七位。以市区人口 110 万计算，人均城市建设用地为 153 平方米，远大于新型城镇化 2020 年人均小于 100 平方米的发展目标。

在过去的 10 年中，中国各大城市经历了大跃进式的扩张，很多城市的建设用地都翻番增长，不仅省会城市，地级城市、县级城市也在修编规划，而新规划的城市面积大幅增长，甚至达到原来面积的数倍。土地低效率、粗放式扩张，已成为中国城市发展的突出问题。据了解，国家发改委在调研中发现，有些省会城市原来的面积为200多平方公里，可在修编城市规划后，面积陡增200多平方公里，新规划面积是过去的一倍。资料显示，2000—2011年，中国城镇建成区面积增长了76.4%，远高于城镇人口50.5%的增长速度。现在，城镇建设用地从总量来看已经很多了，基本上已能满足城市发展的需求了。规划提出要管住总量、严控增量、挖掘存量，使人均城市建设用地控制在100平方米以内，这是一个明确的导向。[①]

（三）城市水资源

随着中国城市化进程的加剧，水资源日益短缺，水污染情况日趋严重等环境问题愈加突出。从水资源拥有量看，2013年，潍坊市水资源总量为15.12亿立方米，居山东省第七位，但只占水资源最丰富的临沂市46.61亿立方米的32.44%。地表水资源总量为8.50亿立方米，居山东省第七位，仅为临沂市39.13亿立方米的21.72%。2013年，全市农业用水为9.31亿立方米，万元农业产值耗水214.97立方米，临沂市全市农业用水为11.46亿立方米，万元农业产值耗水353.38立方米；潍坊市万元工业产值耗水为12.63立方米，临沂市为13.01立方米。相对于水资源的丰歉程度，工业产值耗水量应进一步降低，以促进新型城镇化的可持续发展。

（四）工业化与城镇化

国际上衡量工业化的主要经济指标[②]有四项：一是人均生产总值。一般认为，人均1000美元为初期；3000美元为中期；5000美元为后期。二是工业化率，即工业增加值占全部生产总值的比重。一般认为，初期为20%—40%；中期为40%—60%；60%以上为工业化国家。三是三次产业结构和就业结构。一般认为，初期的三次产业结构比例为12.7:37.8:49.5；就业结构为15.9:36.8:47.3。四是城市化率，即城镇常住人口占总人口的比重。一般认为，初期为37%以上，工业化国家则要达到65%以上。从国际上看，城镇化率与工业化率的偏差系数一般为140%—

①　http://news.sohu.com/20140415/n398242936.shtml。

②　樊纲：《国际上衡量工业化的主要经济指标》，http://blog.sina.com.cn/s/blog_60931b530100fs8a.html。

250%。以 2010 年为例，全世界城镇化率为 50.9%，工业占 GDP 的比重为 26%，全球平均城镇化率与工业化率之比约为 1.95，美国为 4.11，法国与英国则分别为 4.11 与 4.09。但在中国，图 2—12 显示，1978—2003年，城镇化率与工业化率的偏差值一直为负值。这表明，与工业化发展水平相比，中国的城镇化发展滞后。同时 1978—2003 年，两者的偏差值呈现逐年缩小的变化态势；尤其是随着城镇化的加速推进，从 2004 年开始，两者的偏差值由负值变为正值，并呈现出逐年递增的态势，由 2004 年的0.97 个百分点逐年递增到 2010 年的 9.7 个百分点。这表明，城镇化滞后于工业化的状况得到一定程度的改观。中国城镇化率与工业化率的偏差系数由 1978 年的 40.36% 递增到 2010 年的 124.24%，但是到 2010 年，偏差系数仍然低于国际水平。城镇化滞后于工业化的关键点在于第一、三产业发展的滞后，尤其是第三产业的落后，第三产业增加值过少，占 GDP的比重就偏低，导致第二产业占比较高。在 2008 年国际金融危机和国内经济不景气的冲击下，重视工业和实业发展的地区受冲击程度要明显小于依靠虚拟经济发展的地区，其关键原因是受冲击剧烈的地区犯了过度依赖虚拟经济的错误，虚拟经济造就的虚假繁荣并非第三产业即服务业的真正繁荣，第三产业若想真正发展，主要应致力于能直接服务于第二产业的流通及生产性服务业，而不在于单纯依靠泡沫吹大的如房地产价格、金融股票期货等虚拟物。

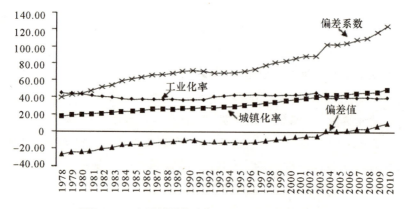

图 2—12　中国城镇化率与工业化发展趋势及变化

说明：工业化率 = 工业增加值/GDP；偏差值 = 城镇化率 - 工业化率；偏差系数 = 城镇化率/工业化率。

潍坊市 2013 年人均 GDP 为 47943 元，折合成美元大约为 7500 美元，可以认为，它已进入工业化中后期。一般认为，工业化率达到 0.4667，为工业化中期。三次产业结构为 9.80：52.00：38.20，可以判断其已处于工业化中期阶段（各市就业结构在现行统计年鉴中没有体现，山东省 2013 年底三次产业就业结构为 31.7：34.5：33.8，潍坊市户籍城镇人口数位居山东省第三位，就业结构应显著高于全省水平，可以判断潍坊市已处于工业化中期阶段）；常住人口城镇化率达到 51.76%，城镇人口数量首次超过农村人口，属于工业化中期。综上所述，2013 年潍坊市已处于工业化中后期阶段。

2013 年，潍坊市城镇化与工业化之比为 110.91%，说明潍坊市的城镇化水平与工业化水平基本一致，但这种一致是建立在第二产业占 GDP 接近 50% 基础上的，与全球平均工业化率 0.26（2010 年）和全国 39.9%（2011 年）的差距明显，仍远低于公认的合理区间的下限值，说明城镇化发展速度还可以，但质量不高，城镇化仍然滞后于工业化。若能解决其质量不高的问题，则其城镇化发展水平才算较为合理。潍坊市的城镇化与工业化之比仍然偏低，其关键并不在于工业化发展程度如何，而在于第三产业的落后，说明新型城镇化发展的重点在于积极促进第三产业的发展，大力优化产业结构。

（五）产业结构

三次产业结构是国民经济中产业结构问题第一位的重要关系。目前，学术界所比较普遍认为的城市化水平与产业结构的关系具体如表 2—34 所示。

表 2—34　　　　　　　　**城市化水平与产业结构的关系**

城市化阶段	城市化水平	主导产业	发展速度
城市化初级阶段	低于 30%	第一产业	较慢
城市化中级阶段	30%—70%	第二产业	较快
城市化高级阶段	高于 70%	第三产业	较慢

从美国的情况看，随着人均 GDP 的不断上升，美国农业就业人口占比不断下降。尤其是从 1890 年起，当人均 GDP 有了较为明显的上升趋势之后，美国农业就业人数占比迅速从 50.6% 下降至 45.2%，并在接下来

的几十年中，一直保持着较为明显的降速。但第二产业的情况却略有不同。从 1920 年起，第三产业就业人数占比基本上保持在平均每年 5% 的增幅上。尤其是当人均 GDP 超过 1000 美元时，也就是在 1940 年前后，美国第三产业就业占比接近 50%，而当人均 GDP 在 1960 年超过 3000 美元时，第三产业就业占比达到了 56%。至此，第三产业正式成为美国社会的主导产业。

造成产业结构变迁的原因复杂多样，但归根结底则是需求的变化。随着人均收入的提高，人们消费的需求从最基本的衣食住行转向层次较高的非物质需求。这和马斯洛的需求理论不谋而合。

在产业结构简单、生产力水平低下的地区，人们只能维持简单的生理需求，即满足对基本的食物、衣着、住房等生活资料的需求。此时，相对应的产业结构则处于低级水平。随着生产力的提高和生活条件的改善，人们的需求结构逐渐向较高阶段转变，对于精神生活的需求大大提高。反映在供给阶段，产业结构也会发生相应变化，第三产业会快速发展，以此满足人们对于服务、精神等层面的需求。[1]

布鲁克纳（Bruckner）以非洲为例考察了农业部门与城镇化和经济发展三者间的关系。通过实证检验后发现，农业总产值和城镇化率之间呈反比。[2] 马凤鸣考察了产业结构转变和城镇化两者的关联，指出产业结构是经济发展的必然表现形式，而城镇化的出现则必须以经济发展为前提。[3] 陈晨子、成长春以中国 1978—2011 年经济时序数据为例，通过构建 ECM 模型（即误差修正模型）发现产业结构和城镇化之间具有协整关系。[4] 肖功为等人基于 2000—2011 年中国省级面板数据，采用面板分位数计量模型，考察了产业结构所引致的城镇化效应。研究发现，第三产业份额的估计参数显著为正，说明产业结构优化所带来的城镇化效应是存在的。同时，这种效应对于处于不同分位数上的地区有较大差异，第三产业份额适中的省、市、自治区城镇化效应最为明显，第三产业份额相对过高或过低

①　http：//blog. sina. com. cn/s/blog_ 63b0517401013w4w. html.

②　Bruckner, M. , "Economic Growth. Size of Agriculture Sector and Urbanization in Africa." *Journal of Urban Economics*, 2012 (1)：26-36.

③　马凤鸣：《产业结构转换与城镇化》，《长春大学学报》2012 年第 3 期。

④　陈晨子、成长春：《产业结构城镇化与我国经济增长关系的 ECM 模型研究》，《财经理论与实践》2012 年第 11 期。

的省、市、自治区产业结构优化所带来的城镇化效应较弱。[1]

2012 年，潍坊市三次产业结构为 9.74：53.99：36.29，相对于工业化中期第三产业占比 30%—70% 的标准，表明它仅仅处于工业化中期前阶段的水平。

六　小结

截至 2013 年，潍坊市污水处理工作成效显著，但仍低于山东省平均水平；人均城市建设用地远高于新型城镇化 2020 年人均小于 100 平方米的发展目标；工业产值耗水量应进一步降低；潍坊市的城镇化水平滞后于工业化水平，第三产业发展滞后，新型城镇化发展的重点在于积极促进第三产业的发展。

总结本篇主要的数据分析结果，发现由构建的评价指标体系衡量的山东省新型城镇化发展呈现出明显的地市差异。从社会发展综合水平看，山东省发改委 2011 年 3 月首次发布对全省 17 个地市社会发展综合水平的评价报告。评价结果显示，山东省 17 个地市处于四个层次。威海、烟台、淄博、青岛 4 市为社会发展高水平地区，处于第一层次；潍坊、济南、莱芜、东营 4 市为社会发展较高水平地区，处于第二层次；泰安、滨州、济宁、临沂 4 市是社会发展中等水平地区，处于第三层次；枣庄、日照、德州、聊城、菏泽 5 市是社会发展较低水平地区，处于第四层次。2015 年 1 月 29 日，山东省社会发展水平综合评价报告再次发布。结果显示，全省 17 个地市被划分为四个层次。威海、淄博、烟台、济南、潍坊、青岛 6 市为社会发展高水平地区，处于第一层次；莱芜、东营、泰安 3 市为社会发展较高水平地区，处于第二层次；济宁、枣庄、德州、滨州 4 市为社会发展中等水平地区，处于第三层次；临沂、日照、菏泽、聊城 4 市为社会发展相对较低水平地区，处于第四层次。这两次评价采用国家确定的评价指标体系和评价方法，指标数据通过统计系统和省直有关部门两条线，对人口发展、生活水平、公共服务、社会和谐四大领域 30 个指标进行数据采集、统计、评价，参照聚类分析法，按照总指数高低排出了 17 地市的社会发展层次。从两次评价看，潍坊市均处于中上发展水平。但本

---

[1]　肖功为：《中国产业结构优化升级引致的城镇化效应研究——一个省级面板分位数模型的实证检验》，《财经理论与实践》2013 年第 18 期。

研究结果却显示，在 2008 年和 2013 年的两次评价中，均进入前六名的是济南、青岛、威海、烟台、东营 5 市（未按先后顺序排名），均处于后六位的是菏泽、德州、聊城、临沂、枣庄 5 市。作为重点关注对象的潍坊市则处于中间层次，2008 年在山东省排名第 12 位，2013 年排名第 9 位，提高了三个位次。从 2008 年第一因子所包含的 7 个指标及表现看，潍坊市排名第 10 位，第二因子排名第 4 位，第三因子排名第 17 位，对应指标为烟（粉）尘排放量、二氧化硫排放量和建成区绿化覆盖率。2013 年，其第一因子对应的指标中排名全省第 7 位；第二因子排名第 2 位，对应指标为城市人口密度和烟（粉）尘排放量；第三因子排名第 15 位，对应指标为建成区绿化覆盖率和二氧化硫排放量。结合原始数据可以看出，尽管潍坊市在山东省排名有所提高，但在提高建成区绿化覆盖率和降低二氧化硫排放方面面临着较为艰巨的任务，降低烟（粉）尘排放量的任务也很艰巨，因为在 2013 年评价的第二因子中只包含城市人口密度和烟（粉）尘排放量两个指标，而潍坊市的城市人口密度位居山东省第三，意味着烟（粉）尘排放量处于较为不利的位置。从数据上看，2013 年，全市烟（粉）尘排放量达 46489 吨，居全省倒数第七位。综合起来看，加强建成区环境治理，提高空气质量在新型城镇化发展中任重道远。另外，潍坊市发展水平较高或处于山东省前列的有教育、医疗、社会保障，经济总量较大，但人口基数大导致人均 GDP 较低，居民收入有待提高。

第三章 调查篇

第一节 引言

《国家新型城镇化规划（2014—2020 年）》特别强调以人为本，推进以人为核心的城镇化。以人为核心包括两方面含义：一是转移人，促进农业转移人口市民化；二是提升人，使人的能力素质与现代城市文明相适应。关于第一方面的含义很明确，诸如启动消费、扩大内需等城镇化红利，都需要通过农民转变为市民才能充分释放出来；农村土地适度规模经营、发展现代农业，也需要将大量农村人口转变为城镇人口，才能有效推进城镇化。第二方面的含义是，城镇化为现代产业发展提供依托，现代工业、服务业聚集在城镇，现代农业生产资料也大都在城镇生产出来；城镇化为现代文明进步构建载体，现代科技发明、文化创造大都在城镇进行，城镇成为人类活动的中心；城镇化是人自身发展的过程，城镇化使人从土地的束缚中解放出来，人的发展舞台由传统乡土亲缘区域拓展到整个社会，可以在更广阔的空间放飞梦想。而要适应现代产业发展、文明进步、社会生活，就必须转变人的思想观念，提高人的能力素质。因此，以人为核心推进城镇化，不仅要转移农民，还要提升农民；不仅要创造就业机会，还要提高人的职业技能；不仅要提供服务保障，还要培养人的现代思维方式、行为习惯。

但城镇化发展到今天，出现了一些不容忽视的问题，如农民被城镇化，放下锄头的农民进城难以生存，手上无钱脚下无地；城市化成为房地产的盛宴，中小城市经济未起房价先涨，养老社保医疗缺乏统一政策，等等。作为人的城市化，农民如何进城，进什么样的城，关注哪些因素，为什么不进城等问题，如果不能理清，就无法了解农民这个城镇化关键主体在城镇化进城中的行为，就无法理清社会主义新农村建设与城镇化的关系。因此，制定切实可行的、因地制宜的新型城镇化发展策略就必须从农村居民的城镇化需求出发。因此，本研究在对山东省17个地市新型城镇化发展水平进行评价的基础上，以《国家新型城镇化规划（2014—2020年）》为指导，突出人的城镇化研究重点，运用大样本问卷调查和统计分析，试图揭示不同特征的农村居民的进城意愿及差异，理清影响农村居民进城和不进城的主要因素及差异，结合前面的新型城镇化发展评价，提出推进潍坊市新型城镇化发展的政策建议。

第二节　调查设计

一　调查方法

编制调查问卷，采用面对面访问法开展调查研究。

二　样本量和抽样方法

鉴于潍坊市地理范围较大，样本分散，考虑到研究经费的限制，决定采用便利抽样法。考虑到该抽样方法可能会出现一个代表性不高的样本，为提高样本的代表性，决定采用大样本，样本量确定为3000，分布于全市所有县市区，具体抽样方法由调查人员结合判断抽样进行。

第三节　数据分析

一　样本特征

（一）样本县市分布

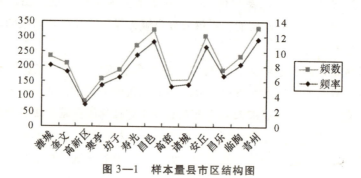

图3—1　样本量县市区结构图

此次调研有效样本为2832，县市区中高新区样本最少，为82个，占2.9%；最高的是青州，329个，占比为11.6%。各县市区均值为218个，奎文、潍城、临朐接近均值。

（二）户口类型

由于调查在寒假进行，尽管是面向农村居民开展的调查，但原先口径的农业和非农户口性质均有受访者，其中非农户口的受访者为528人，占有效样本的18.6%。各县市区都有，最少的是临朐县，14个样本；最多的是潍城区，90个样本。从总体上看，非农样本的42.2%住在县城，17.4%住在乡镇或街办所在地，27.7%住在本村，另外10%住在其他地区。从住在农村的所有样本的县市区分布情况显示，青州最少，2个样本，占1.4%；最多的是昌乐县，25个样本，占17.1%，这可能在一定程度上反映了各县市区已有的取消居民户口性质工作的进展情况。

（三）性别

参与调研的人中男性占60.9%，女性占39.1%。男女性别比例为1.5545：1，根据第六次人口普查数据，男女性别比例为1.0256：1。

（四）文化程度

将受访者文化程度划分为四种类型。小学及以下文化程度的受访者为634人，占22.6%；具有初中文化程度的有986人，占35.1%；具有高中或中专文化程度的有694人，占24.7%；受过高等教育的有495人，占17.6%。

（五）婚姻状况

受访者中已婚者为2285人，占82.2%；未婚者为442人，占15.9%；其他状态的有52人，占1.9%。

（六）年龄

问卷中所设置的年龄调查项为自填数据。受访者年龄均值为40.45岁，标准差为12.29岁，变量呈右偏态分布，偏度系数为0.503。按照13—19岁、20—39岁、40—59岁，60岁以上四个等级，将受访者划分为青少年、青年、中年、老年四个组，则各组频数（括号内为频率）依次为10（0.4%）、1290（45.6%）、1317（46.5%）、215（7.6%）。鉴于青少年组的频数过低，为适应后续数据分析的需要，可以将青少年组与青年组合并。

（七）家庭收入

受访者家庭收入均值为 8.25 万元（毛收入），标准差为 8.31 万元，均值的代表性很差，意味着样本收入差距很大。5% 的修正均值为 7.33 万元，收入分布明显为右偏分布（偏度系数为 8.951）。利用茎叶图发现了 192 个异常值，样本收入大于 19 万元。不考虑异常值的样本收入均值 6.78 万元（标准差为 3.61 万元）。

数列的第 25 百分位数为 4.23 万元，第 75 百分位数为 10 万元，以此为分组界值，将收入分为低收入、中等收入、高收入三个组，有效样本结构依次为 696（25.0%）、1591（57.1%）、497（17.9%）。值得注意的是，受访者所提供的家庭收入数据按照户均人口（3.98 人）计算，人均收入为 2.07 万元，而据抽样调查，2013 年，潍坊市城镇居民人均可支配收入为 28386 元，农村居民人均纯收入为 13273 元。

年龄（Kendall's tau – b = – 0.135）与收入存在着显著的低度关联 [Pearson χ^2 = 109.298，渐进 Sig.（双侧）< 0.001]。主要体现为青年人中属于低收入阶层的人数显著少于期望值，老年组中属于低收入阶层的人数显著多于期望值，以及属于中等收入、高收入阶层的人数显著少于期望值。

表3—1　　　　　　　　　年龄分组与收入分组的交叉情况

			收入分组			合计
			低收入	中等收入	高收入	
年龄再分组	青年	计数	244	781	255	1280
		年龄再分组中的%	19.1	61.0	19.9	100.0
		标准残差	– 4.2	1.8	1.8	
	中年	计数	342	734	217	1293
		年龄再分组中的%	26.5	56.8	16.8	100.0
		标准残差	1.0	– .2	– .9	
	老年	计数	110	76	25	211
		年龄再分组中的%	52.1	36.0	11.8	100.0
		标准残差	7.9	– 4.1	– 2.1	
合计		计数	696	1591	497	2784
		年龄再分组中的%	25.0	57.1	17.9	100.0

擅长工种 (Cramer's V = 0.075) 与收入存在显著的低度关联 [Pearson χ^2 = 30.896, 渐进 Sig. (双侧) < 0.001]。具体体现为从事种植业的居民属于低收入阶层的人数显著地多于期望数 (标准化残差为 3.3),从事机电维修和其他业务的农村居民属于低收入阶层的人数显著地少于期望数 (标准化残差分别为 -2.2 和 -2.5)。

表 3—2 卡方检验

	值	df	渐进 Sig. (双侧)
Pearson 卡方	109.298[a]	4	0
似然比	98.882	4	0
线性和线性组合	53.276	1	0
有效案例中的 N	2784		

注:a. 0 单元格 (0) 的期望计数少于 5。最小期望计数为 37.67。

表 3—3 擅长工种与收入分组的交叉情况

			收入分组			合计
			低收入	中等收入	高收入	
擅长工种	种植业	计数	331	590	182	1103
		擅长工种中的%	30.0	53.5	16.5	100.0
		标准残差	3.3	-1.6	-1.1	
	养殖业	计数	75	177	58	310
		擅长工种中的%	24.2	57.1	18.7	100.0
		标准残差	-.3	0.0	0.3	
	建筑业	计数	61	140	45	246
		擅长工种中的%	24.8	56.9	18.3	100.0
		标准残差	0.0	0.0	0.1	
	机电维修	计数	33	116	44	193
		擅长工种中的%	17.1	60.1	22.8	100.0
		标准残差	-2.2	0.6	1.6	
	其他	计数	188	546	165	899
		擅长工种中的%	20.9	60.7	18.4	100.0
		标准残差	-2.5	1.5	0.3	
合计		计数	688	1569	494	2751
		擅长工种中的%	25.0	57.0	18.0	100.0

表3—4   卡方检验

	值	df	渐进 Sig.（双侧）
Pearson 卡方	30.896ª	8	0
似然比	31.032	8	0
线性和线性组合	16.522	1	0
有效案例中的 N	2751		

注：a. 0 单元格（0）的期望计数少于 5。最小期望计数为 34.66。

是否有打工经历与收入水平没有显著关联［Pearson χ^2 = 3.226，df = 2，渐进 Sig.（双侧）= 0.199］。

表3—5   打工经历与收入分组的交叉情况

			收入分组			合计
			低收入	中等收入	高收入	
打工经历	有	计数	291	631	184	1106
		打工经历中的 %	26.3	57.1	16.6	100.0
		总数的 %	10.6	23.0	6.7	40.3
		调整残差	1.3	0.1	-1.6	
	没有	计数	396	932	311	1639
		打工经历中的 %	24.2	56.9	19.0	100.0
		总数的 %	14.4	34.0	11.3	59.7
		调整残差	-1.3	0	1.6	
合计		计数	687	1563	495	2745
		打工经历 中的 %	25.0	56.9	18.0	100.0
		总数的 %	25.0	56.9	18.0	100.0

在高收入群体中，青年人有 251 位，占 50.5%；中年人有 217 位，占 43.7%，合计 94.2%。所在村村民的主要收入来源前五位（以频数排序）依次是粮食种植、蔬菜种植、打工、瓜果种植、经商。户均承包地面积为 8.66 亩，标准差为 12.48 亩，34.36% 的高收入农户承包地面积超过（含）20 亩。但也有 108 户（23.79%）的高收入户没有承包地。在这些人所在村村民的收入来源中，依然包括粮食种植，另两个来

源是经商和打工。由于没有将收入来源排序，因此不能断定按照频数排在第一位的就是最重要的收入来源，如此可以得出一个结论，即使是那些没有承包地的农村居民，也将所谓的种地列为重要的收入来源，这与在农民眼中，土地是农民生存的物质基础和农村经济发展最为重要的生产要素有关。①

表3—6　　　　　　　　　　　　　　卡方检验

	值	df	渐进 Sig.（双侧）
Pearson 卡方	3.226ᵃ	2	0.199
似然比	3.238	2	0.198
线性和线性组合	3.124	1	0.077
有效案例中的 N	2745		

注：a. 0 单元格（0）的期望计数少于 5。最小期望计数为 199.44。

从县域情况看，以调整（标准化）残差 ±2 为标准，潍城区农村居民属于低收入阶层的人数显著地比期望值多，属于中等收入阶层的人数显著地少于期望值，而高新区农村居民属于低收入阶层的人数显著地低于期望值，属于中等收入的人数则显著地多于期望值；昌邑市属于低收入的人数显著地低于期望值，属于高收入的人数显著地多于期望值；安丘市属于中低收入的农村居民人数显著地多于期望值，属于高收入的人数则显著地少于期望值；昌乐县则与安丘市相反，属于中低收入的农村居民人数显著地少于期望值，属于高收入的人数则显著地多于期望值；临朐县属于低收入的人数显著地多于期望值，属于中等收入的人数则显著地少于期望值。青州市属于中等收入的人数显著地多于期望值，属于高收入的人数显著地少于期望值。

各县市收入等级分布具有不同的特点，可能与各县市三次产业结构以及第一产业中是否具有明显的种植优势有关。分析各县市区受访者的收入来源可能会揭示这一差异。

---

① 刘新智、刘雨松：《农民参与新型城镇化的核心问题调查》，《经济纵横》2013 年第 11 期。

表3—7 县市与收入分组的交叉情况

			收入分组			合计
			低收入	中等收入	高收入	
县市	潍城	计数	85	111	31	227
		县市中的%	37.4	48.9	13.7	100.0
		调整残差	4.5	-2.6	-1.7	
	奎文	计数	43	125	39	207
		县市中的%	20.8	60.4	18.8	100.0
		调整残差	-1.5	1.0	0.4	
	高新区	计数	5	67	10	82
		县市中的%	6.1	81.7	12.2	100.0
		调整残差	-4.0	4.6	-1.4	
	寒亭	计数	35	89	23	147
		县市中的%	23.8	60.5	15.6	100.0
		调整残差	-.3	0.9	-.7	
	坊子	计数	47	103	35	185
		县市中的%	25.4	55.7	18.9	100.0
		调整残差	0.1	-.4	0.4	
	寿光	计数	74	151	41	266
		县市中的%	27.8	56.8	15.4	100.0
		调整残差	1.1	-.1	-1.1	
	昌邑	计数	49	189	82	320
		县市中的%	15.3	59.1	25.6	100.0
		调整残差	-4.3	0.7	3.9	
	高密	计数	36	88	28	152
		县市中的%	23.7	57.9	18.4	100.0
		调整残差	-.4	0.2	0.2	
	诸城	计数	33	85	40	158
		县市中的%	20.9	53.8	25.3	100.0
		调整残差	-1.2	-.9	2.5	
	安丘	计数	91	189	19	299
		县市中的%	30.4	63.2	6.4	100.0
		调整残差	2.3	2.2	-5.5	

			收入分组			合计
			低收入	中等收入	高收入	
县市	昌乐	计数	89	101	43	233
		县市中的%	38.2	43.3	18.5	100.0
		调整残差	4.9	-4.4	0.3	
	临朐	计数	91	207	25	323
		县市中的%	28.2	64.1	7.7	100.0
		调整残差	1.4	2.7	-5.0	
	青州	计数	18	86	81	185
		县市中的%	9.7	46.5	43.8	100.0
		调整残差	-5.0	-3.0	9.5	
合计		计数	696	1591	497	2784
		县市中的%	25.0	57.1	17.9	100.0

表3—8显示，依据选择频率确定前三位的收入来源，则不同的县/县级市的农村居民收入来源有差异。在12个县市区中，只有昌乐县受访者将粮食种植放在收入来源的第三位，居前两位的是蔬菜种植和瓜果种植，并且也是打工收入未进入前三位的县市。首先，临朐县的收入来源中有5个来源比较接近；其次，青州市和高密市有四个来源；其他县市的主要收入来源是粮食种植、打工和蔬菜种植。因此，农村居民的收入来源不同，收入等级的差异就比较明显，如临朐县的低收入者人数显著地多于期望值，中等收入者人数显著地少于期望值，这就与农村居民缺乏主业，没有形成区域性的拳头农产品有关。而昌乐县是蔬菜和瓜果种植大县，收入等级结构就与其不同。

（八）家庭常住地

家庭常住地为本村的占63.3%，住在乡镇或街办的占15.5%，住在县城的占17.5%，住在其他地区（地级市及以上）的占3.7%。

住在县城的受访者中55.6%的为男性，青年人占66.9%，66.9%的人受过高中及以上教育；50.9%的人去过地级及以上城市打工；以第一四分位数（42250）和第三四分位数（100000）为分界点，将受访者家庭收入分为低、中、高三个层次，65.8%的属于中等收入，高收入者占

16.1%；45.1%的为三口之家，24.0%的为4口之家；88.3%的人原居平原地带（比总体比例高9个百分点）。

表 3—8 县市与收入来源的交叉情况

			收入来源ª									总计
			粮食种植	蔬菜种植	瓜果种植	其他作物	打工	畜禽饲养	经商	村办企业	其他	
县市	潍城	计数	154	77	74	82	134	32	95	28	57	231
		县市内的%	66.7	33.3	32.0	35.5	58.0	13.9	41.1	12.1	24.7	
	奎文	计数	87	57	27	24	85	48	88	58	52	210
		县市内的%	41.4	27.1	12.9	11.4	40.5	22.9	41.9	27.6	24.8	
	高新区	计数	57	11	9	7	51	9	8	3	4	82
		县市内的%	69.5	13.4	11.0	8.5	62.2	11.0	9.8	3.7	4.9	
	寒亭	计数	108	62	44	29	81	28	38	15	17	156
		县市内的%	69.2	39.7	28.2	18.6	51.9	17.9	24.4	9.6	10.9	
	坊子	计数	138	82	45	57	108	53	48	33	21	188
		县市内的%	73.4	43.6	23.9	30.3	57.4	28.2	25.5	17.6	11.2	
	寿光	计数	185	120	50	40	105	75	38	18	30	261
		县市内的%	70.9	46.0	19.2	15.3	40.2	28.7	14.6	6.9	11.5	
	昌邑	计数	212	124	71	78	152	78	88	52	29	322
		县市内的%	65.8	38.5	22.0	24.2	47.2	24.2	27.3	16.1	9.0	
	高密	计数	119	65	15	11	91	64	66	7	12	153
		县市内的%	77.8	42.5	9.8	7.2	59.5	41.8	43.1	4.6	7.8	
	诸城	计数	128	72	25	24	78	39	36	8	8	159
		县市内的%	80.5	45.3	15.7	15.1	49.1	24.5	22.6	5.0	5.0	
	安丘	计数	212	114	96	106	205	138	90	30	11	304
		县市内的%	69.7	37.5	31.6	34.9	67.4	45.4	29.6	9.9	3.6	
	昌乐	计数	97	164	136	44	61	52	48	20	2	184
		县市内的%	52.7	89.1	73.9	23.9	33.2	28.3	26.1	10.9	1.1	
	临朐	计数	190	137	140	29	137	114	44	21	34	234
		县市内的%	81.2	58.5	59.8	12.4	58.5	48.7	18.8	9.0	14.5	
	青州	计数	236	75	80	66	184	66	27	49	26	326
		县市内的%	72.4	23.0	24.5	20.2	56.4	20.2	8.3	15.0	8.0	
总计		计数	1923	1160	812	597	1472	796	714	342	303	2810

注：百分比和总计以响应者为基础。

a. 值为1时制表的二分组。

住在其他地区（地级市及以上）的受访者为 105 人，其中，60% 为男性，51.4% 为青年，35.2% 为中年人，68.6% 的人具有高中及以上学历，93.5% 的人曾经到地级及以上城市打工，50.0% 的人属于中等收入阶层，29.8% 的人属于高收入阶层，42.2% 的为三口之家，23.5% 的为四口之家；78.8% 的人原居平原地带（接近总体比例）。

对比发现，在上述分析的受访者特征中，常住地为县城和地级及以上城市的受访者的两个特征存在着明显的区别：一是住在地级及以上城市的、到过地级及以上城市打工者的比例明显高于常住地为县城，到过地级及以上城市打工者的比例。二是常住地为地级及以上城市的受访者中高收入者的比例高于常住地为县城的高收入群体的比例。这意味着打工经历和收入水平在上述特征上较为明显地影响着常住地（指县城和地级及以上城市）的选择。

（九）家庭人口

家庭人口均值为 3.98 人（高于全市 2012 年户均 3.16 人的家庭规模），标准差为 1.233 人，呈右偏态分布。众数为 3，三口之家占有效样本的 32.2%；中位数为 4，四口之家占有效样本的 28.2%，两者合计占 60.4%；除此之外，5 口之家有 590 户，占有效样本的 21.2%。三者合计占 81.6%。

（十）本村地势

平原地带受访者为 2209 人，占有效样本的 79.3%；丘陵地带受访者为 443 人，占有效样本的 15.9%；山区受访者为 132 人，占有效样本的 4.7%。

（十一）擅长工种

在受访者中，擅长种植业的有 1117 位，占 39.9%；擅长养殖业的有 311 位，占 11.1%；擅长建筑业的有 248 位，占 8.9%；擅长机电维修的有 196 位，占 7.0%；其他有 925 位，占 33.1%。数据结构出现了尴尬情况，在问卷中设置了开放式选项，但几乎没有人注明，或者说没有明确表述的技能。

二 打工经历

受访者中 40.3% 的有过打工经历。外出打工者中 67.9% 的是男性，77.6% 的具有初中及以上学历，已婚者占 84.6%。60.1% 的人在地级市及大城市打工，中青年人占 92.1%。

（一）打工经历与擅长工种

表 3—9   擅长工种与打工经历的交叉情况

			打工经历		合计
			有	没有	
擅长工种	种植业	计数	434	665	1099
		擅长工种中的%	39.5	60.5	100.0
		调整残差	-.9	0.9	
	养殖业	计数	126	180	306
		擅长工种中的%	41.2	58.8	100.0
		调整残差	0.2	-.2	
	建筑业	计数	153	92	245
		擅长工种中的%	62.4	37.6	100.0
		调整残差	7.3	-7.3	
	机电维修	计数	89	104	193
		擅长工种中的%	46.1	53.9	100.0
		调整残差	1.6	-1.6	
	其他	计数	318	599	917
		擅长工种中的%	34.7	65.3	100.0
		调整残差	-4.5	4.5	
合计		计数	1120	1640	2760
		擅长工种中的%	40.6	59.4	100.0

打工经历与擅长工种的交叉分析显示，擅长的技能与是否外出打工呈显著关联 [Pearson $\chi2 = 64.877$，渐进 Sig.（双侧）< 0.001[①]]。在可以分析的选项中，具有种植业和养殖业技能的受访者中 60% 左右的人未曾外出打工。具有建筑业技术的受访者中外出打工者（调整标准化残差为 7.3）显著多于未外出打工者（调整标准化残差为 -7.3），比例相对数为

———————————

① 除非特别声明，本研究使用 0.05 的显著性水平。

153：92。从整体来看，掌握何种技能与是否外出打工属于低度关联（Cramer"s V = 0.153），技能是打工的充分条件。

表 3—10 卡方检验

	值	df	渐进 Sig.（双侧）
Pearson 卡方	64.877[a]	4	0
似然比	63.963	4	0
线性和线性组合	2.782	1	0.095
有效案例中的 N	2760		

注：a. 0 单元格（0）的期望计数少于 5。最小期望计数为 78.32。

（二）文化程度与打工地

在打工者中，60.1% 的人在地级市及以上城市打工，20.2% 的人在县城打工，19.7% 的人在乡镇打工。

将文化程度与曾打工地进行列联表分析。卡方检验显示，文化程度与外出打工地有显著关联 [χ^2 检验的渐进 Sig.（双侧） < 0.001]，Kendall's tau – b = 0.161，显示两者为低度相关。视两变量为有序量表，则相协对 C = 203140，相异对 D = 106358。鉴于 C > D，因而存在一种学历低去中小城市而学历高去大中城市打工的趋势，定序关联度量指标 γ 系数（Goodman and Kruskal，1954） = （C—D）/（C + D） = 0.2837，即随着学历的提高，打工者打工城市的规模存在着一个微弱的上升趋势。从行百分比看，随着文化程度的提升，到大城市打工的比例由 7.5% 提高到 25.6%。从调节的标准化残差来看，小学和初中文化程度的受访者到大城市打工的人数显著地少于期望数值，调节的标准化残差分别为 – 2.1 和 – 4.0，而大专及以上学历的受访者到大城市打工的人数显著多于期望数，调整的标准化残差为 5.9。

表 3—11　　　　　　　　　　文化程度·曾打工地交叉情况

| | | | 曾打工地 | | | | 合计 |
			乡镇	县城	地级市	大城市	
文化程度	小学	计数	58	33	93	15	199
		文化程度中的 %	29.1	16.6	46.7	7.5	100.0
		调整残差	3.8	−1.4	−.5	−2.1	
	初中	计数	95	89	203	29	416
		文化程度中的 %	22.8	21.4	48.8	7.0	100.0
		调整残差	2.1	0.9	0.2	−4.0	
	高中或中专	计数	44	62	153	43	302
		文化程度中的 %	14.6	20.5	50.7	14.2	100.0
		调整残差	−2.6	0.2	0.9	1.5	
	大专及以上	计数	15	33	74	42	164
		文化程度中的 %	9.1	20.1	45.1	25.6	100.0
		调整残差	−3.7	0.0	−.9	5.9	
合计		计数	212	217	523	129	1081
		文化程度中的 %	19.6	20.1	48.4	11.9	100.0

表 3—12　　　　　　　　　　卡方检验

	值	df	渐进 Sig.（双侧）
Pearson 卡方	65.771[a]	9	0
似然比	62.708	9	0
线性和线性组合	41.216	1	0
有效案例中的 N	1081		

注：a. 0 单元格（0）的期望计数少于 5。最小期望计数为 19.57。

三　流通业发展水平

（一）超市

选择当地有超市的为 1154 人，占 40.7%，其中 71.9% 的人选择的超市是连锁经营。

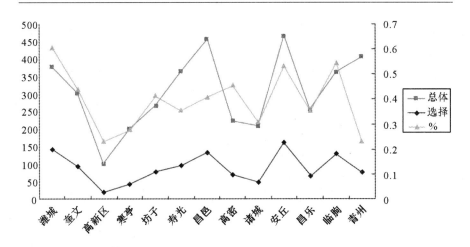

图3—2 选择有超市的受访者的县频数分布

（二）现代流通业发展评价

对当地商业流通业发展水平的评价数据显示，评价很落后的占有效样本的7.5%，评价不发达的占15.3%，评价一般的占54.4%，评价发达和很发达的占22.8%。五个评价等级大致呈对称分布。

在方差不相等假设下（方差相等假设下Levene检验F=38.220，Sig.<0.001），回答有和没有超市的受访者对流通业发展水平的评价存在着显著差异［均值方程的t检验t值为5.359，df=2221.469，Sig.（双侧）<0.001］，回答当地有超市的受访者的评价显著高于回答没有超市的（均值比为3.09：2.90）。

表3—13 独立样本检验

		方差方程的 Levene 检验		均值方程的 t 检验						
									差分95% 置信区间	
		F	Sig.	t	df	Sig.（双侧）	均值差值	标准误差值	下限	上限
流通业发展水平	假设方差相等	38.220	0	5.505	2798	0	0.193	0.035	0.124	0.261
	假设方差不相等			5.359	2221.469	0	0.193	0.036	0.122	0.263

但有超市的地方，不论超市是否为连锁经营，受访者的评价没有显著

差异［方差齐性的 Levene 检验 F = 0.440，Sig. = 0.507，均值方程的 t 检验的 t 值为 1.683，df = 1120，Sig.（双侧）= 0.093］，意味着当地超市是不是连锁经营，不影响受访者对流通业发展水平的评价，均值差为 3.12 - 3.01 = 0.11。

表 3—14　　　　　　　　　　独立样本检验

		方差方程的 Levene 检验		均值方程的 t 检验					差分 95% 置信区间	
		F	Sig.	t	df	Sig.（双侧）	均值差值	标准误差值	下限	上限
流通业发展水平	假设方差相等	0.440	0.507	1.683	1120	0.093	0.111	0.066	-.018	0.240
	假设方差不相等			1.646	542.736	0.100	0.111	0.067	-.021	0.243

从整体来看，受访者对现代流通业发展水平的评价仅达到一般水平，均值为 2.98 分（5 分为评价很发达）。均值水平最高的是奎文区和昌乐县，均值为 3.25；最低的是潍城区，均值为 2.57 分；总样本中评价达到均值水平以上的县市区有奎文区、昌乐县、诸城市、临朐县、寿光市、寒亭区和安丘市。

四　网络与运输工具

（一）网络

数据显示，本村能上网受访者占总样本的 73.7%，说明全市农村网络普及率达到了一个较高的层次。在反映不能上网的受访者中，高新区的比例最低，占所有不能上网样本的 0.9%；青州市则占 19.4%，另外占比较高的是安丘市（11.6%）。

（二）交通运输工具

数据显示，交通运输工具题项中选择汽车的受访者数量位居首位，选择的个案百分比为 49.4%，位居二三位的分别是电动车、自行车，摩托车位居第四（42.5%）。

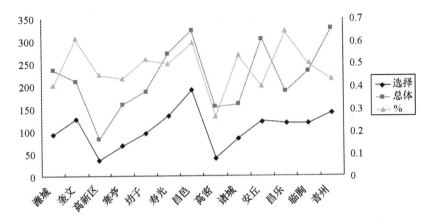

图3—3　汽车拥有情况县市频数分布

具体地，昌乐县选择汽车的受访者占该县子样本量的64.17%，这可能与75.3%的样本位于县城10公里范围内有关，该县受访者的主要收入来源是蔬菜种植、瓜果种植和粮食种植，家庭总收入均值为13.11万元，比总样本均值8.25万元高出58.91%。奎文区位居第二（60.95%）；昌邑市位居第三（59.44%）；最低的是高密市（26.62%），该市71.54%的受访者距离县城10公里范围外，家庭总收入均值为8.19万元，与总样本均值差距为0.06万元，居民主要收入来源是粮食种植、打工、经商，个案百分比分别为77.8%、59.5%、43.1%。

五　农村基本状况满意度评价

（一）家庭经济状况满意度

对家庭经济状况满意度评价中，表示满意和很满意的分别为1127人和212人，合计占比为47.4%。评价一般的有1052人，占37.2%；表示不满意和很不满意的分别为370人和65人，分别占13.1%和2.3%。该部分样本收入均值为6.48万元（标准差5.99万元）

总体均值为3.37（标准差为0.885），未达到满意等级（4分）。评价均值最高的是诸城市，均值为3.64，标准差率为0.2013；最低的是潍城区，均值为3.03，标准差率最大，为0.3300。

表 3—15　　　　　　　　　　　　**家庭经济状况满意度**

县市	均值	N	标准差
潍城	3.03	231	1.000
奎文	3.60	210	0.892
高新区	3.23	82	0.947
寒亭	3.25	157	0.837
坊子	3.39	188	0.867
寿光	3.45	270	0.973
昌邑	3.47	322	0.941
高密	3.25	154	0.875
诸城	3.64	158	0.733
安丘	3.30	304	0.912
昌乐	3.40	187	0.683
临朐	3.50	234	0.782
青州	3.28	329	0.790
总计	3.37	2826	0.885

家庭收入和家庭经济状况满意度评价的相关系数只有 0.115，调整的决定系数为 0.013，说明收入不是影响家庭经济状况满意度评价的主要因素。低收入家庭收入水平与家庭经济状况满意度评价的相关系数为 0.023，高收入的相关系数为 0.062，中等收入相关关系数为 0.035。对家庭经济状况的评价自然应该涉及收入水平，但两者显著的低关联可能意味着收入还处于相对较低的水平，或者说还存在没有发现的一些因素。还有一种可能是受访者对家庭经济状况满意度的评价没有按照要求做出，仅进行经济状况满意度评价。

（二）看病便利程度

评价看病就医方便和很方便的分别为 1323 人和 315 人，分别占 47.2% 和 11.2%；评价一般的为 768 人，占比为 27.4%；评价不方便和非常不方便的分别为 282 人和 117 人，分别占 10.1% 和 4.2%。评价均值最高的是奎文区，均值为 3.85，标准差率为 0.2101；最低的是青州市，均值为 3.16，标准差率为 0.3032。标准差率最高的是潍城区，为 0.3451，意味着该区的受访者对就诊便利程度的评价差异最显著。

（三）新农合报销满意度

新农合报销满意度评价中表示满意和很满意的分别为 1241 人和 264 人，占比为 43.9%、9.3%，两者合计 53.2%；评价一般的有 971 人，占比为 34.3%；评价不满意和很不满意的分别为 286 人和 66 人，占比为 10.1% 和 2.3%，对应的两类样本的家庭收入均值为 7.39 万元（标准差 S = 6.94 万元），距离县城均值为 13.35 公里（标准差 S = 11.17 公里），家庭人口 4.04 人（标准差 S = 1.40），频数位居前三位的县市区是青州（62）、潍城（56）、安丘（40），合计占 44.89%。

总样本评价均值为 3.48（标准差率为 0.2535）。评价最高的是寿光市，均值为 3.67（标准差率为 0.2760）；评价最低的是潍城区，均值为 3.15（标准差率为 0.3140）

（四）幼儿园上学便利程度

对幼儿园上学便利程度评价方便和很方便的样本分别为 1183 份和 220 份，合计占比为 49.6%；评价一般的为 1028 份，占比为 36.3%；评价不方便和很不方便的分别为 217 份和 72 份，合计占 14.1%。其中样本距离县城平均为 12.44 公里，标准差为 10.52 公里；频数最多的是青州市（89），占 22.3%，子样本距离县城的均值为 12.33 公里，标准差为 10.13 公里，51.67% 的人距离县城 20 公里外；其次是潍城区（58），占 14.5%；最低的是高新区（3），占比为 0.8%。可见地域越偏远，学前教育便利程度越低。

总样本的评价均值为 3.41（s = 0.884，标准差率为 0.2592），没有达到 "便利" 等级（4）。最高的是寿光市，均值为 3.81，标准差率为 0.2241；最低的是潍城区，均值为 3.03，标准差率为 0.3300。

（五）本村镇学校教学水平

本村镇学校教学水平评价高和很高的分别为 748 人和 102 人，合计占比为 30.1%；评价一般的为 1576 人，占 55.8%；评价低和很低的分别为 255 人和 144 人，合计占比 14.1%。在评价高和很高的样本中，距离县城均值为 11.48 公里，标准差为 13.74 公里，52.76% 的受访者在均值距离以外，说明政府部门开始关注较为偏远的村镇学校教学水平的提高；其中频数最多的前三位为寿光市、昌邑市、安丘市，合计占比 45.53%。

总样本评价均值为 3.14（标准差率为 0.2631），略超过 "一般" 等级水平（3）；评价最高的是寿光市，均值为 3.57，标准差率为 0.2557，最低的是高密市和青州市，其均值均为 2.81，标准差率分别为 0.2751、0.2636。

六　城市生活评价

对城市生活的评价采用了一个 5 级里克特量表，包括 13 个题项。Cronbach's Alpha = 0.791，鉴于题项较多、县市区较多，因此没有将各县市区对 13 个题项的评价进行对比，而首先依据评价者是否具有打工经历进行了各题项的均值比较，在进城意愿评价部分建立了该量表与是否愿意进城的逻辑斯回归方程。

在 13 个题项中，受访者只在题项 5 "城市发展机会大"的评价上存在着显著差异，在方差不相等假设下，均值方程的 t 检验 $t = -2.237$，$df = 2781$，Sig.（双侧）= 0.028，有过打工经历的人的评价显著低于没有打工经历的人的评价，但均值差仅为 -0.075。从统计检验角度看，在打工的人眼中，城市并非如打工者想象的那样容易找到工作和事业发展机会，尽管如此，评价均值也达到3.67，超过了一般等级评价的 3 分。

第四节　移居城镇的意愿分析

在受访者中，有移居城镇打算的受访者为 1163 人，有效样本百分比为 42.3%。

一　年龄等 7 个变量与进城意愿的 Logistic regression

Logistic 回归，又称 Logistic 回归分析，主要在流行病学中应用较多。因变量为类别变量，自变量既可以是连续变量又可以是离散变量。用年龄、承包地面积、收入水平、家庭人口、住房面积、本村与县城的距离、本村距离乡镇的距离 7 个变量构建是否愿意进城的 Logistic 回归模型。模型的 Cox & Snell $R^2 = 0.044$，Nagelkerke $R^2 = 0.058$，说明达到显著的自变量与是否进城有低度关联。以 0.500 为分割点，总的预测结果正确率为 59.9%。

被选入回归模型的两个自变量年龄、本村到乡镇距离的 Exp（B）（OR）均小于 1，说明年龄越大，本村距离乡镇越远，进城的可能性越低。

用上述自变量与因变量建立的 Logistic regression 模型为：

$$\lg\left(\frac{p}{1-p}\right) = -0.026^* 年龄 - 0.031^* 本村与乡镇的距离 + 1.004$$

（3—1）

$$p = \frac{e^{-0.026^* 年龄 - 0.031^* 本村与乡镇的距离 + 1.004}}{1 + e^{-0.026^* 年龄 - 0.031^* 本村与乡镇的距离 + 1.004}}$$

（3—2）

将上述变量的评价均值 40.45、7.51 带入式 3—2，求得在评价均值水平下的进城概率为 $p = 0.4303$。若年龄每增长 1 岁，与乡镇街办的距离每增加 0.5 公里，进城概率降低幅度为 0.014 个百分点。按照老年人 60 岁的标准值、考虑与乡镇街办距离超过 15 公里，则进城概率为 $p = 0.1845$，因此验证了"距离衰减"规律关于距离与进城两者的关系。该结论也与杜双燕的研究结论一致。杜双燕认为，年龄对农村居民的城镇化意愿产生着较为强烈的影响，年龄越大，越不倾向于城镇化。

二 家庭经济状况评价等 6 个变量与进城意愿的 Logistic 回归

采用向前进入法，建立家庭经济状况满意度评价、看病便利程度、对新农合报销的满意程度（间接反映就医的个人负担）、学前教育便利程度、村镇教学水平、流通业发展水平 6 个变量与进城意愿的 Logistic regression 方程。Cox & Snell $R^2 = 0.014$，Nagelkerke $R^2 = 0.019$，说明达到显著的自变量与是否进城有低度关联。以 0.500 为切割值，预测结果正确率为 60.4%。回归方程为：

$$\lg\left(\frac{p}{1-p}\right) = -0.265^* 流通业发展水平 + 0.165^* 新农合报销满意度$$

$$-0.108$$

（3—3）

$$p = \frac{e^{-0.265^* 流通业发展水平 + 0.165^* 新农合报销满意度 - 0.108}}{1 + e^{-0.265^* 流通业发展水平 + 0.165^* 新农合报销满意度 - 0.108}}$$

（3—4）

自变量流通业发展水平的 Exp（B）（OR）= 0.767 < 1，说明流通业发展水平评价越高，受访者进城的可能性越低。新农合报销满意度的 Exp（B）（OR）= 1.179 > 1，说明新农合报销满意度评价越高，受访者进城的可能性越高。将上述变量的评价均值 2.98、3.48 带入式 3—4，求得在评价均值水平下的进城概率为 $p = 0.4198$；流通业发展水平评价增长 1 分，新农合报销满意度评价增长 1 分，进城概率 $p = 0.3957$，降低 0.024 个百分点。分析显示，农村当地的现代流通业发展水平越高，新农合报销满意度越高，受访者进城的概率就越低。假设当上述两个变量的评价值均达到最高值 5，则受访者进城概率降为 0.3525。但这一点与现代流通业发展与城市化关系的有关研究结论不一致，晏维龙等从理论和实证方面论证了城市化与商品流通的关系，提出了"流通先导"的城市化战略。[①] 赵文丽利用面板数据和 Granger 因果模型，对长三角有关区域的城市化与商品流通关系进行了检验，认为上海市和江苏省商贸流通业对城市化有着极大的促进作用。[②] 这两人的研究认为，现代流通业发展是城市化的推进力，本调研则认为，农村现代流通业越发达，农村居民进城意愿越低，更加有利于社会主义新农村建设而不是促进城市化。出现此种差异的原因，我们认为与不同情境下农村居民收入水平提高有关，与农村生产生活环境明显改善有关，与城镇化发展到一定水平有关。城镇化发展初期，没有商贸流通业的发展，城镇化就无法进行，毕竟商贸流通业与人的城镇化有关；城镇化发展到一定阶段，当农村商贸流通业发展水平越来越向城镇水平靠近时，流通业发展水平就不会再大力促进城镇化的发展了，因为城镇的流通优势不再明显。正如有关研究所说："流通产业的发展是中国城市化进程的重要推动力量，随着中国城市化建设的全面推进，2005—2008 年间流通产业的发展对城市化进程的贡献基本稳定……政策导向的不同会导致流通产业对城市化进程的贡献发生相应的变化。"[③]

因此，加强农村现代流通业发展建设，依据财力提高新农合报销比例，将会在一定程度上降低城镇化的压力。这与王昕[④]的研究结论是一致的。其文指出，希望留在农村的受访者认为，随着城镇化进城的加快，农村条件会得到极大改善，会带动农村逐步转变为城乡结合区域。从某个角度看，农村居民选择是否进城定居会受到更多变量的影响，后续的分析因此是非常必要的。

---

①　晏维龙：《城市化与商品流通的关系研究：理论与实证》，《经济研究》2004 年第 2 期。

②　赵文丽：《城市化与商贸流通业发展的动态计量分析：以长江三角洲为例》，浙江工商大学 2008 年硕士学位论文。

③　郭娜、康学芹：《中国流通产业发展与城市化进程的关系分析》，《统计与决策》2011 年第 17 期。

④　王昕：《西安城镇化调查报告显示：高学历青壮年进城倾向明显》，《西安日报》2012 年第 3 版。

三 打工经历与进城意愿

对是否具有打工经历和是否有移居城市的打算进行交叉分析，结果如表3—16所示。

卡方检验显示，Pearson $\chi^2 = 34.000$，$df = 1$，渐进 Sig.（双侧）< 0.001，因此，"是否有打工经历"与"是否有移居城市的打算"两者在统计上存在着显著关联，但关联程度很低，phi（Φ）系数 = 0.112（近似值 Sig < 0.001）。

表3—16　　　　　　　　　**打工经历与移居城镇的打算交叉情况**

			移居城镇的打算		合计
			有	没有	
打工经历	有	计数	536	553	1089
		打工经历中的 %	49.2	50.8	100.0
		调整残差	5.8	−5.8	
	没有	计数	616	1008	1624
		打工经历中的 %	37.9	62.1	100.0
		调整残差	−5.8	5.8	
合计		计数	1152	1561	2713
		打工经历中的 %	42.5	57.5	100.0

表3—17　　　　　　　　　　　　　**卡方检验**

	值	df	渐进 Sig.（双侧）	精确 Sig.（双侧）	精确 Sig.（单侧）
Pearson 卡方	34.000[a]	1	0		
连续校正[b]	33.539	1	0		
似然比	33.932	1	0		
Fisher 精确检验				0	0
线性和线性组合	33.987	1	0		
有效案例中的 N	2713				

注：a. 0 单元格（0）的期望计数少于 5。最小期望计数为 462.41。

b. 仅对 2×2 表进行计算。

调整（标准化）残差5.84，意味着有过打工经历并且想移居城市的受访者的观察值显著比"H0：独立性"所预测得多，以及没有打工经历且不想移居城市的观察值显著比"H0：独立性"所预测的多。同理，调整（标准化）残差 - 5.8，意味着有过打工经历并且不想移居城市的受访者的观察值显著比"H0：独立性"所预测得少，以及有打工经历且想移居城市的受访者的观察值显著比"H0：独立性"所预测得少。定义具有进城意愿为成功事件，发生比之比 OR = 1.586，意味着那些有过打工经历的受访者，选择想移居城市的发生比是没有打工经历并且想移居城市的受访者的 1.586 倍。通俗地讲，有过打工经历且想进城的可能性更高。利用 Logistic regression，计算出具有打工经历的受访者的进城概率是 0.4922，没有打工经历的受访者的进城概率是 0.3794。因此，打过工的人更有可能移居城市。

四　收入水平与进城意愿

按照重新进行的收入分组，对"收入分组"与"是否愿意进城"进行交叉分析。数据显示，Pearson $\chi^2 = 13.127$，$df = 2$，渐进 Sig.（双侧）$= 0.001$；收入水平与进城意愿显著关联，调整（标准化）残差 - 2.3，意味着低收入受访者愿意进城的频数比"H0：独立性"显著地少，调整（标准化）残差 2.3，意味着低收入受访者不愿意进城的频数比"H0：独立性"显著地多。同理，可以解释下面调整标准化残差的意义。

表 3—18　　　　　　　　收入分组与移居城镇的打算交叉情况

			移居城镇的打算		合计
			有	没有	
收入分组	低收入	计数	258	412	670
		收入分组中的 %	38.5	61.5	100.0
		调整残差	- 2.3	2.3	
	中等收入	计数	702	848	1550
		收入分组中的 %	45.3	54.7	100.0
		调整残差	3.6	- 3.6	
	高收入	计数	186	302	488
		收入分组中的 %	38.1	61.9	100.0
		调整残差	- 2.1	2.1	

续表

		移居城镇的打算		合计
		有	没有	
合计	计数	1146	1562	2708
	收入分组中的 %	42.3	57.7	100.0

表 3—19　　　　　　　　　　卡方检验

	值	df	渐进 Sig.（双侧）
Pearson 卡方	13.127[a]	2	0.001
似然比	13.168	2	0.001
线性和线性组合	0.090	1	0.764
有效案例中的 N	2708		

注：a. 0 单元格（0）的期望计数少于 5。最小期望计数为 206.52。

定义具有进城意愿为成功事件，依据卡方的可分解原理，将上述收入分组与移居城镇的打算交叉情况分成两个四格表如下。

表 3—20　　　　　　　中低收入水平与是否进城的交叉表

收入水平	进城	不进城	小计
低收入	258	412	670
中等收入	702	848	1550
小计	960	1260	2220

OR = 0.7565，意味着低收入受访者愿意进城的发生比是中等收入受访者愿意进城发生比的 0.76 倍，或者说，中等收入受访者愿意进城发生比是低收入者的 1.32 倍，即低收入者进城的可能性更低。

表 3—21　　　　　　　中高收入水平与是否进城的交叉表

收入水平	进城	不进城	小计
中低收入	960	1260	2220
高收入	186	302	488
小计	1146	1562	2708

　　OR = 1.2371，意味着中低收入受访者愿意进城的发生比是高等收入受访者愿意进城发生比的1.24倍，即中低收入者进城的可能性更高。

　　单独架构中等收入、高等收入与是否进城的四格表，求得 OR = 1.3441，中等收入的居民进城可能性更高。综上所述，中等收入的农村居民更有可能进城。

　　"推拉模型"认为，城乡收入差距是农村居民进入城市的拉力。上面的分析认为，中等收入的农村居民更有可能进城，下面再通过不同收入水平的受访者对城镇和农村收入水平的评价来验证推拉模型，分析不同收入水平的受访者对城镇生活评价量表中的"城里收入高"题项的评价，如表3—22和表3—23所示。

表3—22　　　　　　　　对城市收入高题项的方差分析

	平方和	df	均方	F	显著性
组间	30.546	2	15.273	15.262	0
组内	2773.005	2771	1.001		
总数	2803.552	2773			

表3—23　　　　　　　　多重比较——城市收入高，LSD

(I) 收入分组	(J) 收入分组	均值差 (I-J)	标准误	显著性	95% 置信区间 下限	95% 置信区间 上限
低收入	中等收入	-0.224*	0.045	0	-0.31	-0.14
	高收入	-0.280*	0.059	0	-0.40	-0.16
中等收入	低收入	0.224*	0.045	0	0.14	0.31
	高收入	-0.055	0.052	0.283	-0.16	0.05
高收入	低收入	0.280*	0.059	0	0.16	0.40
	中等收入	0.055	0.052	0.283	-0.05	0.16

　　注：*表示均值差的显著性水平为0.05。

　　数据显示，不同收入水平的受访者对该题项的评价存在着显著差异（$F = 15.262$，$Sig < 0.001$）。低收入与中等、高收入组均存在着显著差异，中等收入组与高收入组没有显著差异。数值越高，代表越赞同这种观点，因此，低收入群体的评价（均值3.54）较接近"赞同"程度，中等收入

和高收入的居民评价（均值分别为 3.76 和 3.82））更显著接近"赞同"程度。因此，从数据看，城市收入高可能是一个影响进城意愿的因素，但比较一下受访者对农村和城市收入水平的评价也许是有意义的。下面是受访者对农村生活中"收入也不低"项目的评价。

表 3—24 对收入也不低题项的方差分析

	平方和	df	均方	F	显著性
组间	38.062	2	19.031	20.415	0
组内	2585.001	2773	0.932		
总数	2623.063	2775			

表 3—25 多重比较——收入也不低 LSD

(I) 收入分组	(J) 收入分组	均值差 (I－J)	标准误	显著性	95％置信区间 下限	95％置信区间 上限
低收入	中等收入	－0.145*	0.044	0.001	－0.23	－0.06
	高收入	－0.362*	0.057	0	－0.47	－0.25
中等收入	低收入	0.145*	0.044	0.001	0.06	0.23
	高收入	－0.217*	0.050	0	－0.31	－0.12
高收入	低收入	0.362*	0.057	0	0.25	0.47
	中等收入	0.217*	0.050	0	0.12	0.31

注：＊表示均值差的显著性水平为 0.05。

数据显示，不同收入水平的受访者对该题项的评价存在着显著差异（$F=20.415$，$Sig<0.001$）。三个不同收入水平组的两两比较均存在着显著差异。收入从低到高的受访者评价均值依次提高（3.12、3.27、3.48），但均未达到"同意"（4）等级。单一样本 t 检验显示，低、中、高收入组的受访者对"收入也不低"的评价均显著低于"城里收入高"的评价（t 值分别为 －11.639、－20.639、7.325，df 分别为 695、1582、496，$Sig.$（双侧）均 <0.001）。因此，收入水平是吸引农村居民进城的一个统计意义上的因素，也与推拉模型所认为的城市高收入是吸引农村居民进城的"拉力"的观点一致。

五 本村地势与进城意愿

表3—26 本村地势与移居城镇的打算交叉情况

| | | | 移居城镇的打算 | | 合计 |
			有	没有	
本村地势	平原地带	计数	852	1291	2143
		本村地势中的%	39.8	60.2	100.0
		调整残差	-5.1	5.1	
	丘陵地带	计数	226	208	434
		本村地势中的%	52.1	47.9	100.0
		调整残差	4.5	-4.5	
	山区	计数	64	64	128
		本村地势中的%	50.0	50.0	100.0
		调整残差	1.8	-1.8	
合计		计数	1142	1563	2705
		本村地势中的%	42.2	57.8	100.0

表3—27 卡方检验

	值	df	渐进 $Sig.$（双侧）
Pearson 卡方	25.778[a]	2	0
似然比	25.526	2	0
线性和线性组合	20.918	1	0
有效案例中的 N	2705		

注：a. 0 单元格（0）的期望计数少于5。最小期望计数为54.04。

卡方检验显示，Pearson $\chi^2 = 25.778$，$df = 2$，渐进 $Sig.$（双侧）< 0.001，说明本村地势特征与进城意愿显著关联。调整的标准化残差 -5.1（5.1）意味着平原地带想进城的受访者比"H0：无关性"所期望的要显著地少（多），调整的标准化残差 4.5（-4.5）意味着丘陵地带想进城的受访者比"H0：无关性"所期望的要显著地多（少）。依据卡方可分解原理，构建如下两个四格表。

表 3—28　　　　　　平原丘陵地势与进城意愿的交叉情况

收入水平	进城	不进城	小计
平原	852	1291	2143
丘陵	226	208	434
小计	1078	1499	2577

$OR = 0.6074$，意味着平原地带受访者愿意进城的发生比是丘陵地带受访者愿意进城发生比的 0.61 倍，即平原地带受访者进城的可能性更低，或者说，丘陵地带受访者进城发生比是平原地带受访者的 1.65 倍。

表 3—29　　　　　　非山区地势与进城意愿的交叉情况

收入水平	进城	不进城	小计
非山区	1078	1499	2577
山区	64	64	128
小计	1142	1563	2705

$OR = 0.7192$，意味着非山区受访者愿意进城的发生比是山区地带受访者愿意进城发生比的 0.72 倍，即非山区地带受访者进城的可能性更低，或者说，山区地带受访者进城的可能性是非山区受访者的 1.39 倍。

因此，山区、丘陵、平原地带受访者的进城可能性依次递增，但要注意山区受访者在总体中的低比例这一情形。

六　擅长工种与进城意愿

擅长工种与进城意愿的交叉分析如表 3—30 所示。

表 3—30　　　　　　擅长工种与移居城镇的打算交叉情况

			移居城镇的打算		合计
			有	没有	
擅长工种	种植业	计数	402	684	1086
		擅长工种中的%	37.0	63.0	100.0
		调整残差	-4.7	4.7	

续表

				移居城镇的打算		合计
				有	没有	
擅长工种	养殖业		计数	115	184	299
			擅长工种中的%	38.5	61.5	100.0
			调整残差	-1.5	1.5	
	建筑业		计数	102	138	240
			擅长工种中的%	42.5	57.5	100.0
			调整残差	0	0	
	机电维修		计数	100	90	190
			擅长工种中的%	52.6	47.4	100.0
			调整残差	2.9	-2.9	
	其他		计数	436	465	901
			擅长工种中的%	48.4	51.6	100.0
			调整残差	4.4	-4.4	
合计			计数	1155	1561	2716
			擅长工种中的%	42.5	57.5	100.0

表3—31   卡方检验

	值	df	渐进 $Sig.$（双侧）
Pearson 卡方	36.126[a]	4	0
似然比	36.102	4	0
线性和线性组合	32.266	1	0
有效案例中的 N	2716		

注：a. 0 单元格（0）的期望计数少于 5，最小期望计数为 80.80。

数据显示，Pearson χ^2 = 36.125，df = 4，渐进 $Sig.$（双侧） < 0.001，说明技术工种与进城意愿显著关联。不考虑"其他"工种，调整的标准化残差 -4.7（4.7），意味着擅长种植业且想进城的受访者比"H0：无关性"所期望的要显著地少（多），调整的标准化残差 2.9（-2.9）意味着擅长机电维修且想进城的受访者比"H0：无关性"所期望的要显著地多（少）。

依据卡方可分解原理，构建如下四格表①。

表3—32　　　　　　　种养殖业受访者的进城意愿分布

收入水平	进城	不进城	小计
种植业	402	684	1086
养殖业	115	184	299
小计	517	868	1385

$OR=0.9404$，意味着擅长种植业且愿意进城的受访者的发生比是擅长养殖业且愿意进城的发生比的0.9404倍，或者说，擅长种植业的受访者的进城可能性比擅长养殖业的要低。

表3—33　　　　　养殖业、建筑业受访者的进城意愿分布

收入水平	进城	不进城	小计
养植业	115	184	299
建筑业	102	138	240
小计	504	822	1326

$OR=0.8456$，意味着擅长养殖业且愿意进城的受访者的发生比是擅长建筑业且愿意进城的发生比的0.8456倍，或者说，擅长养殖业的受访者的进城可能性比擅长建筑业的要低。

表3—34　　　　　是否擅长机电维修与进城意愿的频数分布

收入水平	进城	不进城	小计
非机电维修业	102	138	240
机电维修业	100	90	190
小计	202	228	430

$OR=0.6652$，意味着擅长建筑业且愿意进城的受访者的发生比是擅

---

① 四格表的卡方值与自由度合计与未分解前不一致，因为是部分四格表，所以未考虑"其他"技能。

长机电维修且愿意进城的发生比的 0.6652 倍，或者说，擅长建筑业的受访者的进城可能性比擅长机电维修的要低。

因此，按照熟悉的技能或工种，进城可能性由高到低依次是机电维修、建筑业、养殖业、种植业受访者。

七　宅基地置换城镇住房与进城意愿

在方差相等的假设下（方差方程 Levene 检验的 $F = 66.868$，$Sig.$ < 0.001），均值方程的 t 检验 $t = 4.688$，$df = 2738$，$Sig.$（双侧）< 0.001，意味着是否愿意进城的受访者对以宅基地置换城镇住房的评价差异显著，意愿进城的评价均值为 3.23，不愿进城的评价均值为 3.05，前者显著高于后者。但意愿程度较低，仅略高于"一般"等级，说明以农村宅基地置换城镇住房并没有引起受访者的兴趣。

八　农村基础设施与进城意愿

（一）自来水

评价村里是否有自来水的受访者与是否有进城意愿具有显著差异（Pearson $\chi^2 = 19.405$，$df = 1$，渐进 $Sig.$（双侧）< 0.001），Phi（Φ）系数 0.085（近似值 $Sig.$ < 0.001），显示两者属于低度关联。农村有自来水的受访者是否进城的频数结构与期望结构没有显著差异，但没有自来水的受访者的频数结构与期望结构差异显著，没有自来水且想进城的受访者的实际频数远比期望频数低（标准残差为 −3.2），没有自来水且不想进城的受访者的实际频数远比期望频数高（标准残差为 2.8）。

$OR = 2.1435$，表示有自来水且想进城的受访者的发生比是没有自来水且想进城的受访者的发生比的 2.1435 倍，有自来水的受访者进城的可能性远比没有自来水的受访者高。可能意味着受访者体验到了自来水给日常生活带来的便利，更希望进入城镇。

（二）能否上网

受访者能否在家上网与是否愿意进城关联显著（Pearson $\chi^2 = 23.941$，$df = 1$，渐进 $Sig.$（双侧）< 0.001），Phi（Φ）系数 0.094（近似值 $Sig.$ < 0.001），显示两者属于低度关联。不能上网且想进城的受访者的实际频数远比期望频数低（标准残差 = −3.2），不能上网且不愿进城的受访者的实际频数远比期望频数高（标准残差 = 2.7）。$OR = 1.5545$，显示能

上网的受访者的进城可能性远比不能上网的受访者的可能性高。一个可能的解释是受访者体验到了网络给日常生活带来的便利，更希望进入城镇。

（三）道路硬化

数据显示，出村道路是否硬化与受访者是否有进城意愿差异显著 [Pearson $\chi^2 = 4.075$，$df = 1$，渐进 $Sig.$（双侧）$= 0.044$]，Phi（Φ）系数 -0.039（近似值 $Sig. = 0.044$），显示两者属于低度负关联。鉴于渐进 $Sig.$（双侧）$= 0.044$，与 0.05 的显著性水平很接近，因此标准化残差最大值为 1.5，最小值为 -1.3，没有达到 1.96 的标准值。$OR = 0.7540$，意味着所在村出村道路硬化的受访者的进城意愿比道路没有硬化的受访者的进城可能性低。一个可能的解释是道路基础设施的完善提高了交通便利程度，降低了受访者的进城意愿。

数据显示，村内道路是否硬化与受访者是否有进城意愿差异不显著（Pearson $\chi^2 = 3.845$，$df = 1$，渐进 $Sig.$（双侧）$= 0.050$），Phi（Φ）系数 0.038（近似值 $Sig. = 0.050$），显示两者属于低度关联。$OR = 1.1994$，意味着村内道路硬化的受访者的进城可能性比村内道路没有硬化的受访者的可能性高。一种可能的解释是道路基础设施的完善使受访者体验了交通便利所带来的好处，提高了受访者的进城意愿。

（四）垃圾处理

数据显示，不同的垃圾处理方式与受访者进城意愿显著关联 [Pearson $\chi^2 = 8.134$，$df = 1$，渐进 $Sig.$（双侧）$= 0.004$]，Phi（Φ）系数 -0.055（近似值 $Sig. = 0.004$），显示两者属于低度负关联。

$OR = 0.7735$，显示垃圾能够定期处理的受访者的进城意愿比所在村垃圾没人管的受访者的进城可能性低。一个可能的解释是整洁的村容提高了与城市相比的相对洁净程度，降低了受访者的进城意愿。

（五）路灯照明

数据显示，村内是否有道路照明与受访者进城意愿显著关联 [Pearson $\chi^2 = 11.494$，$df = 1$，渐进 $Sig.$（双侧）$= 0.001$]，Phi（Φ）系数 0.065（近似值 $Sig. = 0.001$），显示两者属于低度关联。

$OR = 1.3832$，意味着村内有道路照明的受访者的进城可能性比没有道路照明的受访者的进城可能性高。一种可能的解释是道路基础设施的完善使受访者体验了夜间照明所带来的便利，提高了受访者的进城意愿。

综上所述，因为有了体验，期望更便利、洁净的生活环境，有自来

水，能上网，村内道路硬化、村内有道路照明的受访者进城的可能性相对
更高；因为基础设施有所改善，出村道路硬化、村内垃圾能够定期处理的
受访者的进城可能性相对较低。

九　家庭人口与进城意愿

数据显示，家庭人口与受访者进城意愿关联不显著 [Pearson χ^2 =
0.602，df = 1，渐进 $Sig.$（双侧）= 0.438]，Phi（Φ）系数 0.015（近似
值 $Sig.$ = 0.438）。

OR = 0.9377，意味着四口之内家庭比四口以上家庭进城的可能性略
低。如果建立家庭人口与是否意愿进住城镇的逻辑斯回归方程（回归方
程的拟合度不高，Homser & Lemeshow 检验的 χ^2 = 9.541，df = 3，$Sig.$ =
0.023），则四口之家进城的概率为 0.5779，五口之家的进城概率仅降为
0.5722。可见，家庭人口数量与是否愿意进城关联不大。但这与杜双燕的
研究不一致。杜双燕认为，家中子女数（视同家庭人口）与迁移意愿显
著关联（α = 0.05），家中子女数越多，家庭经济负担越重，越会影响迁
移能力。

第五节　愿意进城的原因

移居原因的测量使用了一个多选题。个案百分比为 242.13，意味着
平均每人选择了 2.42 个答案，按照频数，可以取前三位因素即就业机会
多、子女受良好教育、基础设施完善进行分析。但要注意，选项中的个案
百分比最低的也有 23.7（生活环境好），意味着进城的考虑因素是多元
化的。

一　打工经历与移居原因

表 3—25 显示，是否有过打工经历不影响移居因素前三位的选择排
序。从列百分比看，没有打工经历的受访者在所有因素中的比例均超过有
打工经历的人，意味着没有打工经历且想移居城镇的受访者对城镇生活的
诸多因素更为看重。

表3—35 打工经历与移居原因的交叉情况

			移居原因							总计
			工作就业机会多	子女受良好教育	基础设施完善	商业服务便利	生活环境好	文化生活丰富	其他因素	
打工经历	有	计数	407	384	209	197	168	191	23	620
		打工经历的%	65.6	61.9	33.7	31.8	27.1	30.8	3.7	
		移居原因的%	45.4	47.1	40.2	47.4	49.4	47.5	47.9	
	没有	计数	490	431	311	219	172	211	25	794
		打工经历的%	61.7	54.3	39.2	27.6	21.7	26.6	3.1	
		移居原因的%	54.6	52.9	59.8	52.6	50.6	52.5	52.1	
总计		计数	897	815	520	416	340	402	48	1414

二 年龄与移居原因

表3—36 年龄分组与移居原因的交叉表

			移居原因							总计
			工作就业机会多	子女受良好教育	基础设施完善	商业服务便利	生活环境好	文化生活丰富	其他因素	
年龄分组	青少年	计数	3	0	1	0	0	0	0	3
		年龄分组内的%	100.0	0.0	33.3	0.0	0.0	0.0	0.0	
		移居原因内的%	0.3	0.0	0.2	0.0	0.0	0.0	0.0	
	青年	计数	479	415	272	236	179	231	26	755
		年龄分组内的%	63.4	55.0	36.0	31.3	23.7	30.6	3.4	
		移居原因内的%	52.8	50.4	51.8	56.3	52.6	57.3	54.2	
	中年	计数	375	366	224	163	142	153	20	599
		年龄分组内的%	62.6	61.1	37.4	27.2	23.7	25.5	3.3	
		移居原因内的%	41.3	44.4	42.7	38.9	41.8	38.0	41.7	
	老年	计数	51	43	28	20	19	19	2	75
		年龄分组内的%	68.0	57.3	37.3	26.7	25.3	25.3	2.7	
		移居原因内的%	5.6	5.2	5.3	4.8	5.6	4.7	4.2	
总计		计数	908	824	525	419	340	403	48	1432

　　从年龄分组看，除了只有三个样本的青少年组外，其他三个年龄组关于进城原因的前三位均与总体排序一致；从列百分比看，三个年龄组在前两位影响因素中的个案百分比均超过 50%，意味着超过一半的相应年龄组的受访者选择了该因素。值得注意的是，青年组选择所有项目的个案百分比在列中均超过 50%，说明青年人更关注所有因素，意味着城市对超过一半的青年人吸引力更强。

三　文化程度与移居原因

表 3—37　　　　　　　　　　文化程度与移居原因的交叉表

			移居原因							总计
			工作就业机会多	子女受良好教育	基础设施完善	商业服务便利	生活环境好	文化生活丰富	其他因素	
文化程度	小学	计数	183	166	117	56	56	55	5	264
		文化程度内的 %	69.3	62.9	44.3	21.2	21.2	20.8	1.9	
		移居原因内的 %	20.4	20.3	22.5	13.5	16.7	13.9	10.4	
	初中	计数	267	296	172	141	113	135	17	463
		文化程度内的 %	57.7	63.9	37.1	30.5	24.4	29.2	3.7	
		移居原因内的 %	29.8	36.2	33.0	34.1	33.7	34.1	35.4	
	高中或中专	计数	228	224	136	123	103	125	10	374
		文化程度内的 %	61.0	59.9	36.4	32.9	27.5	33.4	2.7	
		移居原因内的 %	25.4	27.4	26.1	29.7	30.7	31.6	20.8	
	大专及以上	计数	218	131	96	94	63	81	16	314
		文化程度内的 %	69.4	41.7	30.6	29.9	20.1	25.8	5.1	
		移居原因内的 %	24.3	16.0	18.4	22.7	18.8	20.5	33.3	
总计		计数	896	817	521	414	335	396	48	1415

　　从文化程度看，所有组别对前三位影响因素的选择与总体排序没有差异。初中文化组对所有因素的选择在列百分比中是最高的，平均超过 1/3 的受访者选择了所有因素。

四　擅长工种与移居原因

表3—38　　　　　　　　　擅长工种与移居原因的交叉情况

			移居原因							总计
			工作就业机会多	子女受良好教育	基础设施完善	商业服务便利	生活环境好	文化生活丰富	其他因素	
擅长工种	种植业	计数	319	358	224	119	119	130	15	515
		擅长工种内的 %	61.9	69.5	43.5	23.1	23.1	25.2	2.9	
		移居原因内的 %	35.9	43.6	42.8	28.5	35.0	32.3	31.3	
	养殖业	计数	76	75	39	37	45	50	3	134
		擅长工种内的 %	56.7	56.0	29.1	27.6	33.6	37.3	2.2	
		移居原因内的 %	8.5	9.1	7.5	8.9	13.2	12.4	6.3	
	建筑业	计数	70	67	31	40	30	29	7	118
		擅长工种内的 %	59.3	56.8	26.3	33.9	25.4	24.6	5.9	
		移居原因内的 %	7.9	8.2	5.9	9.6	8.8	7.2	14.6	
	机电维修	计数	76	62	45	33	27	29	5	123
		擅长工种内的 %	61.8	50.4	36.6	26.8	22.0	23.6	4.1	
		移居原因内的 %	8.5	7.6	8.6	7.9	7.9	7.2	10.4	
	其他	计数	348	259	184	188	119	164	18	522
		擅长工种的 %	66.7	49.6	35.2	36.0	22.8	31.4	3.4	
		移居原因内的 %	39.1	31.5	35.2	45.1	35.0	40.8	37.5	
总计		计数	889	821	523	417	340	402	48	1412

　　从技能工种看，擅长种植业和机电维修的受访者的因素选择与总体因素排序没有差异，擅长养殖技术的受访者的第三位影响因素为"丰富的文化生活"，比总体的第三位因素"基础设施完善"高8.2个百分点，从事建筑业的受访者的第三位因素为"商业服务便利"，比"基础设施完善"高7.6个百分点。综合而言，影响不同技能受访者进城意愿的主要因素可总结为就业机会多、子女受良好教育、基础设施完善、文化生活丰富、商业服务便利，涵盖面较为宽泛。

五　对农村和城市教育水平评价的受访者与移居原因

评价城镇教育水平高（等级为4、5）的受访者、评价村镇教学水平一般及以下（等级为1、2、3）的受访者仍然将就业机会放在第一位，教育水平高放在第二位。

六　评价农村发展机会大的受访者的移居原因

与以上分析不同的是，评价农村发展机会大的受访者将子女受良好教育排在了第一位，而将机会排在了第二位；这与杜双燕的研究结论是一致的。杜双燕认为，贵州省农村居民愿意迁移的首要原因是为了让子女受更好的教育，占比为27.9%；排在第二位的是更多的就业空间和机会。认为农村发展机会一般及以下的受访者依然将工作机会放在第一位，前三位因素排序与总体没有差异。意味着在农村具有良好发展机会的受访者更看重城市的教育水平因素。这部分人中有83.4%为中高收入者。

综上所述，受访者移居城镇的前三位因素依次为工作就业机会多、子女受良好教育、基础设施完善；在农村具有良好发展机会的受访者相对于工作机会更看重城市的教育水平；没有打工经历且想移居城镇的受访者对城镇生活的诸多因素更为看重；城市对超过一半的青年人吸引力更强；不同技能工种的受访者所认为的前三位因素的涵盖面更为宽泛。

第六节　移居地

数据显示，受访者意愿中的移居地依次为乡镇、县城、地级市、大城市，有效百分比分别为3.8、15.1、33.6、47.5，该结论与杜双燕的调查结论有些出入。杜双燕认为，29.4%的受访者愿意前往省会城市或其他大城市，该比例远小于本调研所得结论，22%的人倾向于迁移到户口所在镇，离家较近的地方，本调研中该比例仅为3.8%。

一　打工经历与移居地

Pearsonχ^2 = 17.897，df = 1，渐进 $Sig.$（双侧）< 0.001，说明打工经历和意愿居住地显著关联，从关联程度看，属于低度相关（Pearson's R = −0.127）；说明有过打工经历并且愿意到大城市居住的频数显著低于期

望频数。从总体百分比看，不论是否有打工经历，受访者愿意进城居住的频率均由大城市向地级市、县城、乡镇递减。但有过打工经历的受访者意愿中的进城居住地为大城市的频数比期望频数显著地低（标准残差 −2.0）。一个可能的解释是大城市的打工生活使一部分受访者产生了一定程度的担忧，降低了进入大城市的选择意愿。

二　打工地与移居地

交叉分析的数据显示，Pearson $\chi^2 = 69.561$，渐进 $Sig.$（双侧）< 0.001，表示打工地与意愿居住城市显著关联。列联表中相依系数为 0.352，表示打工地与意愿居住地的关联程度低，将量表视作有序量表，Spearman'$R = -0.187$，总起来看，两者仍然属于低度关联。

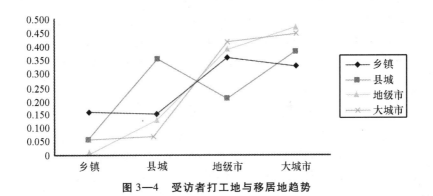

图3—4　受访者打工地与移居地趋势

图 3—4 显示，整体上，打工地与意愿居住地有一种趋势性，即打工地层次越高，意愿居住地层次就越高。视量表为有序量表，则相协对 $C = 35170$，相异对 $D = 21730$，有序量表关联程度系数 $\gamma = (C - D) / (C + D) = (35170 - 21730) / 56900 = 0.2362$。上述结果显示，打工地层次越高，意愿居住地层次越高的趋势比较微弱。

从列百分比看，在意愿居住在乡镇、县城、地级市的受访者中，在乡镇、县城、地级市打过工的受访者所占比例是最高的，意味着打工地对意愿居住城市选择有一定的影响。

三　收入水平与移居地

Pearson $\chi^2 = 13.870$，渐进 $Sig.$（双侧）= 0.031，说明收入水平和意

愿居住地显著关联；视量表为类别量表和有序量表，所显示的关联程度均很低（Cramer' V ＝0.081，Kendall's tau－b＝0.017，Spearman'R＝0.019）。有序量表关联程度系数γ＝（C－D）／（C＋D）＝0.022，认为随着收入的提高，受访者选择更高层次的城市居住的趋势非常微弱，可以忽略。依据总体百分比可得出这一结论，不同收入水平的受访者的意愿居住地比例由高到低依次为大城市、地级市、县城、乡镇。

四　擅长工种与移居地

从总体上看，技术工种与意愿移居地没有显著关联。不同技能工种的受访者的选择顺序是大城市、地级市、县城、乡镇。只有擅长种植业的受访者住在乡镇的实际频数远比期望频数高（标准化残差为2.0）。

综上所述，整体上，受访者的意愿居住地比例由高到低依次为大城市、地级市、县城、乡镇；收入水平、技能工种、打工经历不影响上面的顺序；打工地对选择同等层次的居住地有一定的影响，到乡镇、县城、地级市打工的受访者40%—60%左右选择同层次城镇作为意愿居住地。

第七节　不愿移居的原因

不移居原因的测量使用了1个多选题，包括7个题项。个案百分比为233.7%，则前三位影响因素依次为房价高、物价高、工作难找。最低的是子女上学费用高，个案百分比为21.8%。

一　年龄分组与不移居原因

表3—39　　　　　　　年龄分组与不移居原因的交叉情况

			移居原因							总计
			工作难找	房价	物价高	子女上学费用高	需要赡养家里老人	生活环境不好	其他	
年龄分组	青少年	计数	1	6	1	0	4	1	2	8
		年龄分组内的%	12.5	75.0	12.5	0.0	50.0	12.5	25.0	
		不移居原因内的%	0.2	0.7	0.1	0.0	0.7	0.2	0.7	

续表

			移居原因							总计
			工作难找	房价	物价高	子女上学费用高	家里老人需要赡养	生活环境不好	其他	
年龄分组	青年	计数	232	354	256	153	249	165	133	651
		年龄分组内的%	35.6	54.4	39.3	23.5	38.2	25.3	20.4	
		不移居原因内的%	38.0	40.4	35.9	41.9	41.8	37.2	44.3	
	中年	计数	321	437	380	172	293	214	134	843
		年龄分组内的%	38.1	51.8	45.1	20.4	34.8	25.4	15.9	
		不移居原因内的%	52.5	49.8	53.3	47.1	49.2	48.3	44.7	
	老年	计数	57	80	76	40	50	63	31	169
		年龄分组内的%	33.7	47.3	45.0	23.7	29.6	37.3	18.3	
		不移居原因内的%	9.3	9.1	10.7	11.0	8.4	14.2	10.3	
总计		计数	611	877	713	365	596	443	300	1671

按照年龄分组，不考虑样本过少的青少年组，其他组别对前两位影响因素的选择没有差异，但青年组位列第三的因素为家里老人需要赡养，工作难找排在第四位；老年组排列第三的因素是生活环境不好，工作难找排在第四位。

二 文化程度与不移居原因

表3—40　　　　　　文化程度与不移居原因的交叉表

			移居原因							总计
			工作难找	房价	物价高	子女上学费用高	家里老人需要赡养	生活环境不好	其他	
年龄分组	小学	计数	178	269	219	108	149	109	78	473
		文化程度内的 %	37.6	56.9	46.3	22.8	31.5	23.0	16.5	
		不移居原因内的 %	29.4	30.8	30.8	29.7	25.1	24.7	26.4	

			移居原因							总计
			工作难找	房价	物价高	子女上学费用高	家里老人需要赡养	生活环境不好	其他	
年龄分组	初中	计数	226	311	263	134	219	150	101	598
		文化程度内的 %	37.8	52.0	44.0	22.4	36.6	25.1	16.9	
		不移居原因内的 %	37.3	35.6	37.0	36.8	36.9	33.9	34.1	
	高中中专	计数	114	175	132	73	137	109	48	351
		文化程度内的 %	32.5	49.9	37.6	20.8	39.0	31.1	13.7	
		不移居原因内的 %	18.8	20.0	18.6	20.1	23.1	24.7	16.2	
	大专以上	计数	88	119	97	49	88	74	69	241
		文化程度内的 %	36.5	49.4	40.2	20.3	36.5	30.7	28.6	
		不移居原因内的 %	14.5	13.6	13.6	13.5	14.8	16.7	23.3	
总计		计数	606	874	711	364	593	442	296	1663

除了高中文化组外，其他文化程度受访者的选择顺序没有差异。该组位列第二的因素为家里老人需要赡养，物价高排在第三位。

三　擅长工种与不移居原因

表3—41　　　　　　　　擅长工种与不移居原因交叉表

			移居原因							总计
			工作难找	房价	物价高	子女上学费用高	家里老人需要赡养	生活环境不好	其他	
擅长工种	种植业	计数	283	403	330	153	207	154	111	724
		擅长工种内的 %	39.1	55.7	45.6	21.1	28.6	21.3	15.3	
		不移居原因内的 %	47.2	46.7	47.6	42.4	35.3	35.8	37.9	
	养殖业	计数	77	87	74	47	79	67	41	186
		擅长工种内的 %	41.4	46.8	39.8	25.3	42.5	36.0	22.0	
		不移居原因内的 %	12.9	10.1	10.7	13.0	13.5	15.6	14.0	

			移居原因							总计
			工作难找	房价	物价高	子女上学费用高	家里老人需要赡养	生活环境不好	其他	
擅长工种	建筑业	计数	54	68	60	32	54	44	18	138
		擅长工种内的 %	39.1	49.3	43.5	23.2	39.1	31.9	13.0	
		不移居原因内的 %	9.0	7.9	8.7	8.9	9.2	10.2	6.1	
	机电维修	计数	41	48	42	24	34	19	19	106
		擅长工种内的 %	38.7	45.3	39.6	22.6	32.1	17.9	17.9	
		不移居原因内的 %	6.8	5.6	6.1	6.6	5.8	4.4	6.5	
	其他	计数	144	257	187	105	213	146	104	489
		擅长工种内的 %	29.4	52.6	38.2	21.5	43.6	29.9	21.3	
		不移居原因内的 %	24.0	29.8	27.0	29.1	36.3	34.0	35.5	
总计		计数	599	863	693	361	587	430	293	1643

前四项技能的受访者的选择与整体的前三位选择没有区别。不论擅长什么工种，第一位的是房价，前三位涉及的因素还有赡养老人。

四 收入水平与不移居原因

从不同收入的受访者看，高收入组将房价排在第一位，家里老人需要赡养位列第二，工作难找位列第三，其他顺序未发生变化。

综上所述，前三位影响因素依次为房价高、物价高、工作难找的整体顺序不改，较为宽泛的前三位因素还涉及赡养老人和生活环境不好。

表3—42　　　　　　　　收入分组与不移居原因的交叉表

			移居原因							总计
			工作难找	房价	物价高	子女上学费用高	家里老人需要赡养	生活环境不好	其他	
收入分组	低收入	计数	183	259	221	146	179	140	103	457
		收入分组内的 %	40.0	56.7	48.4	31.9	39.2	30.6	22.5	
		不移居原因内的 %	30.3	30.1	31.3	40.6	30.4	32.1	34.9	

续表

			移居原因							总计
			工作难找	房价	物价高	子女上学费用高	需要赡养	家里老人	生活环境不好	其他	
收入分组	中等收入	计数	320	462	390	168	289	220	146	883
		收入分组内的 %	36.2	52.3	44.2	19.0	32.7	24.9	16.5	
		不移居原因内的 %	53.1	53.7	55.3	46.7	49.1	50.5	49.5	
	高收入	计数	100	140	94	46	120	76	46	305
		收入分组内的 %	32.8	45.9	30.8	15.1	39.3	24.9	15.1	
		不移居原因内的 %	16.6	16.3	13.3	12.8	20.4	17.4	15.6	
总计		计数	603	861	705	360	588	436	295	1645

第八节　主要分析结论

一　进城意愿

1. 年龄越大，本村距离乡镇街办越远，进城的可能性就越低。按照老年人 60 岁的标准值、考虑距离乡镇街办超过 15 公里，则进城概率为 P =0.1845。

2. 当地流通业发展水平评价越高，受访者进城的可能性就越低；新农合报销满意度评价越高，受访者进城的可能性就越高。假设上述两个变量的评价值均达到最高值 5，则受访者进城概率降为 0.3525。

3. 城市生活评价量表与进城意愿的逻辑斯回归显示，在评价均值水平的进城概率为 P = 0.4195 的情况下，若每个变量提高 1 分，则 P = 0.4982，提高幅度为 18.76%。

4. 打过工的人更有可能具有移居城市的意愿。

5. 中等收入的农村居民更有可能进城。收入水平是吸引农村居民进城的一个统计意义上的因素，也与推拉模型所认为的城市高收入是吸引农村居民进城的"拉力"的观点一致。

6. 山区、丘陵、平原地带受访者的进城可能性依次递增。

7. 按照熟悉的技能或工种，进城可能性由高到低依次是机电维修、建筑业、养殖业、种植业的受访者。

8. 意愿进城的受访者对以宅基地置换城镇住房的愿意程度显著高于不愿进城的受访者，但愿意程度仅达到"一般"等级。

9. 因为有了体验，期望更便利、洁净的生活环境，有自来水、能上网、村内道路硬化、村内有道路照明的受访者进城的可能性相对更高；因为基础设施有所改善，出村道路硬化、村内垃圾能够得到定期处理的受访者的进城可能性相对较低。

10. 家庭人口与受访者进城意愿关联不显著。

二　进城原因

1. 按照频数，位居前三位的因素是城镇就业机会多、子女可以接受良好教育、基础设施完善。是否有过打工经历、不同年龄、不同文化程度、评价农村教育水平低城镇教育水平高、评价农村缺乏基础设施的受访者的评价顺序与样本总体没有差异。

2. 在农村具有良好发展机会的受访者更看重城市的教育水平因素。这部分人中有83.4%的为中高收入者。

3. 没有打工经历且想移居城镇的受访者对城镇生活的诸多因素更为看重。

4. 青年人更关注所有因素，城市对超过一半的青年人吸引力更强。

5. 影响不同技能受访者进城意愿的主要因素可总结为就业机会多、子女受良好教育、基础设施完善、文化生活丰富、商业服务便利，涵盖面较为宽泛。

三　进城去向

1. 总样本频数分布显示，受访者意愿移居地依次由乡镇、县城向地级市、大城市递增。不论是否有过打工经历，不同收入水平、不同技术工种的受访者的选择顺序没有发生改变。

2. 存在一个打工地层次越高，意愿居住地层次就越高的趋势，但比较微弱。

四　不进城原因

依据频数，前三位影响因素依次为房价高、物价高、工作难找。最低的是子女上学费用高。不同年龄、不同文化程度、不同婚姻状况、不同收入水平的受访者的整体选择顺序不改，较为宽泛的前三位因素还涉及农村有老人需要赡养和城市生活环境不好。

第四章 对策篇

第一节 大力提升经济总量与城乡居民收入水平

国内生产总值是国民经济核算的核心指标，也是衡量一个国家或地区经济状况和发展水平的重要指标。2013 年，潍坊市 GDP 位居全省第 4 位，但人均 GDP 位列第 6 位，尽管受人口基数的影响，但经济总量仅为山东省第一位的青岛市的 55%，差距很明显。在新型城镇化注重人的城镇化的指导下，尽管未将经济总量列为主要指标，但没有经济的发展，居民收入水平就难以提高，产业结构调整难度就大，进展就缓慢。积极寻求新的经济增长点，促进经济总量增加的压力很大。

城乡居民收入水平会影响农村居民进城的意愿和能力。2013 年，潍坊市城乡居民收入分居山东省第九位和第五位。分析显示，山东省农村居民人均纯收入与第一产业占比为高度负相关，意味着单纯依靠第一产业的发展来增加农村居民收入在统计上不太现实。农村居民人均纯收入与第三产业占比属于正向低相关，与第二产业占比几乎没有联系（$R = -0.047$）。农村居民人均纯收入与城镇居民人均可支配收入高度相关。城镇居民人均可支配收入与第二产业占比为低度负相关，与第三产业占比为中度正相关。潍坊市农村居民人均纯收入中工资收入与经营收入比为 0.86（位居山东省第 15 位），说明工资性收入相当于第一产业经营收入的 86%，第一产业经营收入和工资性收入是农村居民纯收入的最主要来源，这与潍坊市是农业大市有关。

因此从关联角度看，产业发展与居民收入关联密切。提高农村居民收入水平的坚实基础是第一产业的大力发展。

第二节　向空间要密度

规划明确了 2020 年人均城市建设用地面积小于 100 平方米的目标，实际上提供了一个人口密度指标。即按照每平方公里 100 万平方米计算，人口密度应为 1 万人/平方公里。前面的分析依据潍坊城区现有建设用地面积和规划指标，计算出了潍坊市区人口应达到 150 万人。2012 年，潍坊市人口密度为 1068 人/平方公里，说明提高人口密度还有很大的潜力。但如何提高人口密度确是一个难题。一种可选路径是向空间要密度。即在城市建设用地范围内，生产建设用地尽量压缩，居住类建筑物限制多层，鼓励高层建筑建设。

第三节　加大城市建设力度

一　加大污水处理投资，实施中水利用工程

2008 年，山东省城市废水处理率为 84.14%，潍坊市为 69.72%，排名山东省第 16 位。最高的是临沂市，达到 98.64%。2013 年，潍坊市污水处理率为 92.46%，较 2008 年提高了 23 个百分点，成效显著。但与山东省平均水平 94.93% 相比，仍然低 2.47 个百分点。

从水资源拥有量看，2013 年，潍坊市水资源总量达 15.12 亿立方米，居山东省第 7 位，但只有水资源最丰富的临沂市 46.61 亿立方米的 32.44%。地表水资源总量为 8.50 亿立方米，居山东省第 7 位，仅为临沂市 39.13 亿立方米的 21.72%。2013 年，潍坊市农业用水为 9.31 亿立方米，万元农业产值耗水为 214.97 立方米，而临沂市农业用水为 11.46 亿立方米，万元农业产值耗水为 353.38 立方米；潍坊市万元工业产值水耗为 12.63 立方米，而临沂市为 13.01 立方米。因此，工业产值耗水量应进一步降低，以促进新型城镇化的可持续发展。

同时，作为水资源短缺城市，要加大生产生活废水的处理，提升中

水①使用率，实现水资源的重复利用。在美国、日本、以色列等国，厕所冲洗、园林和农田灌溉、道路保洁、洗车、城市喷泉、冷却设备补充用水等，都大量使用中水。作为水资源匮乏的国家，国内目前还没有中水利用专项工程，也没有专项资金，只在政策上引导，中水利用量是根据各个城市的缺水程度不同而定的。建议考虑实施中水利用专项工程。

二　继续加强城市环境美化，提高绿地面积

2013 年，潍坊市建成区绿化覆盖率达 40.70%，高于规划制定的 2020 年 38.9% 的目标，但位居山东省第 14 位，显示了相对的不足。城市人均绿地公园面积为 17.70 平方米，位居山东省第 10 位。与 2008 年相比，建成区绿化覆盖率排名没有发生变化，城市人均绿地公园面积由第 17 位提高了 7 个位次，说明绿色城市、宜居城市建设取得了显著的成绩。山东省绿地覆盖率最高的是威海市，为 48.00%，比潍坊市高 7.30 个百分点，应继续加强城市环境美化工作，提高绿地面积。

三　大力发展公共交通

在城市的诸多"病灶"中，交通拥堵最为老百姓诟病。规划特别提出未来要将公共交通放在城市交通发展的首要位置，百万以上人口城市的公共交通占机动化的出行比例应从 2011 年的 45% 提高到 2020 年的 60%。随着城镇化的快速推进，老百姓的出行需求日益旺盛。与此同时，城市规模也在迅速扩大，居住地和工作地的距离越来越远。在这样的大背景下，解决交通问题，靠私人小汽车肯定行不通，必须大力发展公共交通。但在现实中，北京、上海等一些大城市，在推动公共交通普及上并不顺利，不少老百姓宁可在路上堵着，也不愿选择乘坐公共交通。这主要是由于公共交通在线路设计、等车时间、行车速度、乘车环境、换乘便利性等方面与群众的期望还有较大的差距。2013 年，潍坊市区公共交通运营车辆为 1304 标台，位居山东省第 9 位，按照市区人口 110 万计算，万人 12.25 标台，较 2008 年的 7.11 标台有了显著提高，但公共交通运营车辆

---

① "中水"起名于日本，"中水"的定义有多种解释，在污水工程方面称为"再生水"，工厂方面称为"回用水"，一般以水质作为区分的标志。主要是指城市污水或生活污水经处理后达到一定的水质标准，可在一定范围内重复使用的非饮用水。

数仅是青岛市的 17%。因此，必须大力推进公共交通系统建设，不断优化公共交通站点和线路设置，推动形成公共交通优先通行网络，提高覆盖率、准点率和运行速度，真正提升公共交通的吸引力。

第四节 加强环境治理

2008 年，潍坊市二氧化硫排放量达 124833 吨，烟（粉）尘排放量为 31178 吨。2013 年，二氧化硫排放量为 140709 吨，烟（粉）尘排放量为 46489 吨，增长速度分别为 12.72% 和 49.11%，同期 GDP 增速为 77.44%（按现价计算），工业增加值增速为 94.12%（按现价计算）。单纯从增速看，经济发展速度远高于排放物的增加。但区域环境承载力是既定的，空气质量只会随着排放物的增加而降低，从而加大对居民的威胁，这会导致哮喘的恶化并引起心脏和肺部疾病。北京市从 2015 年起将继续围绕减排、管理、应急、联防等方面实施一系列大气污染防治措施。具体包括开征扬尘排污费、修订空气重污染应急预案等。面对资源约束趋紧、环境污染严重、生态系统退化的严峻形势，以消耗资源为代价的传统发展模式已经难以为继。放眼未来，一个天蓝、地绿、水净，人与自然和谐发展的"美丽中国"，必须对形形色色的污染说"不"。具体来说，一是改善能源结构，转变以煤为主的能源结构；二是逐步改造和搬迁高耗能高污染的企业，减少二氧化硫、二氧化碳、可吸入颗粒物的排放。但必须明确，搬迁不是治本的做法。将重污染企业搬到远离城区的偏远地区，对环境的污染照样不可避免。建议积极探索排污权交易试点工作，制定更为严格的排放控制标准，提高污染源的运营成本，促使各类污染源减少排放。

第五节 继续加大教育投资

目前被统计为城镇人口的 2.34 亿农民工及其随迁家属，未能在教育、就业、医疗、养老、保障性住房等方面享受城镇居民的基本公共服务，这成为中国城镇化进程中一个十分突出的问题。全国有 1400 多万农民工随迁子女，80% 在公办学校就读，仍有 20% 在民办学校学习，甚至在不正规学校就读。同时农村还有 5800 多万留守儿童，无法在父母身边就读。本着人的城市化原则，规划提出到 2020 年农民工随迁子女接受义务教育的比例≥99%的目标。针对潍坊市农村居民进城意愿的调查显示，影响不同技能受访者进城意愿的主要因素可总结为就业机会多、子女受良好教育、基础设施完善、文化生活丰富、商业服务便利；评价城镇教育水平高、一般及以下的受访者将城里教育水平高放在第二位，评价农村发展机会大的受访者则将子女受良好教育排在了第一位。有关调查研究也认为，农村居民愿意迁移的首要原因是让子女有更好的教育，占比达27.9%，排在第二位的是更多的就业空间和机会。

2013年潍坊市财政教育支出为132亿元，居山东省第二位，仅次于青岛市。万人财政教育支出均值居山东省第6位。因此，促进城镇化发展，吸引农村居民进城，或加大新农村建设，都应维持或加大教育投资，优化教育资源，建立公平地使用优质教育资源的机制。在进一步集中教育资源，形成规模优势的条件下，建议考虑实施优秀中小学教师轮换教学制度的可行性。

第六节　继续加大社会保障和就业支出

潍坊市社会保障与就业支出由2008年的13.42亿元增加到2013年的41.28亿元（位居山东省第6位），增幅达207.60%。万人财政社会保障与就业支出均值排名山东省第2位，表明了政府对社会保障及就业等工作的高度重视与支持。

按照调查数据的分析，依据农村居民熟悉的技能或工种，进城可能性由高到低依次是机电维修、建筑业、养殖业、种植业的受访者。只有擅长机电维修的农村居民在城镇中更容易生存，因为这类技能在城镇有用武之地，擅长种植业、养殖业的农村居民的广阔市场在农村而不是城镇。但一旦进城，如何不致出现手里没有钱脚下没有地的尴尬局面，很重要的一点就是加强进城农村居民的技能培训，促进创业和就业。

应注重发挥城市创业平台的作用，充分利用城市规模经济所产生的专业化分工效应，放宽政府管制，降低交易成本，激发创业活力。应完善扶持创业的优惠政策，形成政府激励创业、社会支持创业、劳动者勇于创业的新机制。运用财政支持、税费减免、创业投资引导、政策性金融服务、小额贷款担保等手段，为中小企业特别是创业型企业的发展提供良好的经营环境，促进以创业带动就业。

除此之外，要加强各类技能培训，如驾驶、计算机使用与维护等，在大力发展现代流通业的基础上，增强商品批发零售业、饮食服务业、物流与快递业等劳动密集型产业吸纳劳动力的功能。建议特别注重农村居民（不管是否愿意进城）的网络使用能力培训，使农产品生产者掌握更多的信息，扩大的市场将会使农产品与需求者的距离大大缩短，提高农产品流通效率，创新农产品流通方式，增加居民收入，进城的农村居民可以直接从事农产品流通的相应工作，这样会使农村居民更具有进城的生存能力。

第七节　继续加强卫生事业的发展

2013 年，潍坊市万人卫生机构数、万人卫生技术人员数均排在前列，说明 2008—2012 年潍坊市卫生事业发展卓有成效。财政医疗卫生支出为 37.44 亿元，在山东省位列第 6 位，医疗卫生支出显著高于山东省不包含潍坊市的 16 地市的均值。但淮坊市万人财政医疗卫生支出均值排名山东省第 14 位，说明从相对数看，应继续加大财政支出，促进医疗卫生事业的继续发展。

第八节　积极推进社会主义新农村建设

规划提出，坚持工业反哺农业、城市支持农村和多予少取的放活方针，加大统筹城乡发展力度，增强农村的发展活力，逐步缩小城乡差距，促进城镇化和新农村建设的协调推进。提升现代农业发展水平，完善农产品流通体系，加快培育现代流通方式和新型流通业态，大力发展快捷、高效的配送机制。积极推进"农批对接"、"农超对接"等多种形式的产销衔接，加快发展农产品电子商务，降低流通费用以建设社会主义新农村，加强农村水、电、路、垃圾处理、村容村貌建设，严禁城市污染源向农村扩散。这些公共服务和基础设施的不断完善，将增强社会主义新农村的吸引力，使农村成为美好、幸福的家园。尽管在调研中，因对农村基础设施完善程度评价不同而产生了不同的进城意愿，但有关研究却成为我们坚持认为社会主义新农村建设一定会焕发其生机与活力的一个支撑。在对寿光市农村劳动力转移的研究中，笔者利用统计数据，进行变量序列的协整检验与 Granger 因果检验，认为比较利益使得更多的寿光农村劳动力从事第一产业，极大地降低了农村劳动力就业和转移的压力。① 农村"要啥有啥"，成为农民对城乡等值的朴素理解，而且乡村"空气又比城里好"②，对农村居民有着强烈的吸引力。因此大力推进农业产业化，提高农村居民收入、改善农村居民生活条件是促进农村劳动力就业和就地转移的重要途径，是社会主义新农村建设的重中之重。

第九节　制定农村居民进城指导意见

合理引导农村居民的进城去向。"规划"提出要优化城镇规模结构，增强中心城市的辐射带动功能，加快发展中小城市，有重点地发展小城镇，促进大中小城市和小城镇的协调发展。规划提出，沿海中心城市要加快产业转型升级，提高参与全球产业分工的层次，延伸面向腹地的产业和服务链，加快提升国际化程度和国际竞争力。内陆中心城市要加大开发开放力度，健全以先进制造业、战略性新兴产业、现代服务业为主的产业体系，提升要素集聚、科技创新、高端服务能力，发挥规模效应和带动效应。区域重要节点城市要完善城市功能，壮大经济实力，加强协作对接，实现集约发展、联动发展、互补发展。特大城市要适当疏散经济功能和其他功能，推进劳动密集型加工业向外转移，加强与周边城镇基础设施连接和公共服务共享功能，推进中心城区功能向1小时交通圈地区扩散，培育形成通勤高效、一体发展的都市圈。规划强调，要把加快发展中小城市作为优化城镇规模结构的主攻方向，加强对产业和公共服务资源的布局引导，提升质量、增加数量。加强市政基础设施和公共服务设施建设，教育医疗等公共资源配置要向中小城市和县城倾斜，引导高等学校和职业院校在中小城市布局、优质教育和医疗机构在中小城市设立分支机构，增强集聚要素的吸引力。按照控制数量、提高质量、节约用地、体现特色的要求，推动小城镇发展与疏解大城市中心城区功能相结合、与特色产业发展相结合、与服务"三农"相结合。大城市周边的重点镇，要加强与城市发展的统筹规划与功能配套，逐步发展成为卫星城。具有特色资源、区位

---

① 吕贵兴：《城乡收入差距与农村劳动力就业的计量检验：以寿光市为例》，《安徽农业科学》2012 年第 5 期。

② 刘成友：《以工补农加速城乡共融》，《人民日报》2010 年 12 月 12 日第 1 版。

优势的小城镇，要通过规划引导、市场运作，培育成为文化旅游、商贸物流、资源加工、交通枢纽等专业特色镇。远离中心城市的小城镇和林场、农场等，要完善基础设施和公共服务，发展成为服务农村、带动周边的综合性小城镇。对吸纳人口多、经济实力强的镇，可赋予同人口和经济规模相适应的管理权。规划同时提出，以合法稳定就业和合法稳定住所（含租赁）等为前置条件，全面放开建制镇和小城市的落户限制，有序放开城区人口50万—100万城市的落户限制，合理放开城区人口100万—300万大城市的落户限制，合理确定城区人口300万—500万大城市的落户条件，严格控制城区人口500万以上特大城市的人口规模。大中城市可设置参加城镇社会保险年限的要求，但最高年限不得超过5年。特大城市可采取积分制等方式设置阶梯式落户通道以调控落户规模和节奏。

规划的上述条款实际上对农村居民进入大城市和特大城市做出了一定的限制，本调研及有关调研发现，受访者意愿移居地频率依次由乡镇、县城向地级市、大城市递增，前两项的有效百分比分别仅为3.8、15.1，合计为18.9。大城市和特大城市的产业体系调整与完善限定了即使农村居民受过各种技能培训，也很难在以先进制造业、战略性新兴产业、现代服务业为主的产业体系中发挥作用，找到适合自己的发展机会。中小城市和重点镇则应继续加强基础设施建设，突出产业特色，与服务"三农"相结合，可能更有机会使农村居民施展拳脚。因此，合理引导意愿进城的农村居民的去向需求对于顺利推进城镇化的意义重大。

合理引导不同类型的居民进城。城镇化的快速推进，吸纳了大量农村劳动力转移就业，提高了城乡生产要素的配置效率，推动了国民经济持续快速发展，带来了社会结构的深刻变革，促进了城乡居民生活水平的全面提升，所取得的成就举世瞩目。但应该明确，不是所有的农村居民都能在城镇中获得与农村相比更好的发展机会。传统意义上的城镇居民能获得稳定的高收入的状况正在发生改变。本次调研中户均收入已经达到8.25万元，尽管不是净收入或纯收入，但这个水平已经不会导致十多年前农村居民收入和城镇居民收入的巨大落差了。样本的高收入群体所在村村民的主要收入来源前五位（以频数排序）依次是粮食种植、蔬菜种植、打工、瓜果种植、经商。高收入群体户均承包地面积为8.66亩，比样本均值高29.64%，34.36%的高收入农户的承包地面积超过（含）20亩。也就是说，一部分高收入人群已经成为种植大户，由此获得了较好的发展机会。

因此这部分人看重的是城市的较高教育水平而不是较高的收入。按照熟悉的技能或工种，进城可能性由高到低依次是机电维修、建筑业、养殖业、种植业的受访者，说明农村居民对此也有较为清醒的认识。一部分愿意成为职业农民的判断很有道理，即城镇化进城的加快，会逐步带动农村成为城乡结合区。农村地区的各种条件会发生显著的变化，城市也许不如想象中那样吸引人。因此，摸清农村居民的真实想法，因地制宜地引导部分居民进城是合理的、科学的。

调查数据显示，受访者意愿移居地依次为乡镇、县城、地级市、大城市，有效百分比分别为 3.8、15.1、33.6、47.5。不同年龄、收入水平、教育程度、县区受访者的选择没有显著差异。规划实际上对农村居民进入大城市和特大城市做出了一定的限制，大城市和特大城市的产业体系调整与完善限定了即使农村居民受过各种技能培训，也很难在以先进制造业、战略性新兴产业、现代服务业为主的产业体系中发挥作用，找到适合自己的发展机会。中小城市和重点镇应继续加强基础设施建设，突出产业特色，与服务"三农"相结合，可能更有机会使农村居民施展拳脚。《成都市 2012 年新型城镇化综合评价监测报告》显示，成都市确定的 34 个优先发展重点镇和重点镇新型城镇化率 2012 年为 37.3%，高于一般乡镇9.9% 的平均水平，同比提高了 1.2 个百分点。[①] 因此，合理引导愿意进城的农村居民的去向需求对于顺利推进城镇化的意义重大。

综上所述，从实际看，可以制定农村居民进城指导意见，说明中小城市和重点镇相对于大城市在生活、工作方面的有利之处，并从政策上引导居民的进城去向。可以在进入城镇的成本分担和激励政策方面予以引导，并鼓励举家迁入城镇，防止年轻人进城后所产生的农村老年化、空心化现象。另外，可以试行诸如城镇住房置换宅基地等新做法。

第十节　继续探索新型城镇化建设评价指标体系

《成都市 2012 年新型城镇化综合评价监测报告》显示，成都 2012 年的新型城镇化率达到 60.2%，较上年提高 1.4 个百分点。中心城区新型

---

① 甘昕鑫、颜婧：《成都市 2012 年新型城镇化综合评价监测报告出炉：成都新型城镇化率达60.2%》，《四川日报》2013 年 5 月 8 日第 2 版。

城镇化率达到 96.7%。目前衡量城市城镇化水平常用的是"人口城镇化率"指标，而成都的"新型城镇化率"是在综合专家、学者意见的基础上，结合自身情况制定的，涵盖包括经济水平、人口质量、基础设施、公共服务和生活质量五大领域在内的 22 个指标。[①]

以往对城镇化发展相关指标体系进行的研究，在学术层面主要从城镇化可持续发展、城市竞争力评价、城市发展质量等角度进行评价指标的探讨，在政府层面主要通过指标体系构建对"生态城市"、"全国文明城市"等示范性项目具体工作进行指导和推进。在新型城镇化指标体系中，不论对城镇化的评价维度和方式有何异同，文化发展指标都是维系城镇可持续发展的重要内容。有观点将文化发展指标加入新型城镇化发展评价指标体系中，并将文化发展指标定义为以文化环境指标、文化资源指标、文化驱动指标和文化效益指标四大一级指标体系为主导的新型城镇化文化发展评价指标体系。[②]

从文献和各地实际看，进行新型城镇化评价的指标体系缺乏统一性，不利于横向比较。在可持续发展的诉求下，新型城镇化中的评价应从多个层面进行考量。建议依据规划，进一步组织研究新型城镇化建设评价指标体系。

第十一节　建立新型城镇化发展监测机制

从理论上构建一个新型城镇化建设评价指标体系并不十分困难，难点在于数据资料的收集、整理与计算分析。本书的评价指标体系因受数据收集的影响而被迫舍弃了诸如城镇空气质量、污水处理率、固体废弃物无害化处理率等一些关注城镇环境与资源管理的相应指标。因此，本书存在一些缺陷是毋庸置疑的。

为促进新型城镇化建设，及时发现问题，本课题组认为，建立新型城镇化发展监测机制很有必要。鉴于新型城镇化建设的系统性，建议成立专门的新型城镇化建设评价监测机构，发布年度新型城镇化建设报告。

[①] 甘昕鑫、颜婧：《成都市 2012 年新型城镇化综合评价监测报告出炉：成都新型城镇化率达 60.2%》，《四川日报》2013 年 5 月 8 日第 2 版。

[②] 刘江红：《文化发展：新型城镇化的"新指标"》，《光明日报》2014 年 8 月 11 日第 11 版。

　　新型城镇化建设指标体系的构建，对于评价和监测新型城镇化建设有着重要的意义。本书依据现行的统计指标体系，构建了潍坊市新型城镇化建设指标，并运用因子分析、统计检验、描述性统计等分析方法，对潍坊市新型城镇化水平进行了衡量，提出了基于山东省比较的新型城镇化建设重点。囿于统计资料和研究时间，评价指标体系还存在不足，应批判性地看待基于评价分析而提出的新型城镇化建设重点。后续研究将致力于继续完善指标体系，并开展新型城镇化监测工作。

附件　潍坊市农村城镇化发展调查问卷

样本所属区/县/县级市＿＿＿＿＿＿乡镇＿＿＿＿＿

（下面为问卷的"介绍"部分，调查员根据下面所述的主要内容选择自己认为适宜的表述方式）

（大爷/大妈/大叔/大婶/大哥/大嫂），您好！

我们是潍坊学院的调查员，正在开展一项潍坊市农村城镇化发展潜力的调查研究。党的十八大报告提出走中国特色新型城镇化道路，强调要在提高城镇化质量上下功夫。潍坊的新型城镇化路子怎么走，政府很关心，很想弄明白咱们农村居民怎么想，有什么期盼。我们的调查就是想了解一下大家的想法，然后汇总分析，提交给政府做参考，会耽搁您十分钟左右的时间，行吗？

（得到允许后）调查时会问到一些您个人和家庭的有关情况，还有一些涉及村、镇、县/市里的有关情况，这些问题最后会被汇总，您个人的有关信息或回答不会单独出现在我们后面要写的分析报告里，因此，请您不要担心，对我们所提的问题，有什么说什么，想怎么说就怎么说。我们承诺为您保守秘密！

谢谢您的支持，祝您春节快乐，阖家幸福！

2014.1

（下面为问卷的"答卷说明"部分，调查员根据下面所述的主要内容选择自己认为适宜的说明方式）

问卷填写说明

1. 本问卷大部分题目已经列出了问题及答案选项，请在您认为合适的答案前的小方框（如□）内打勾，如"√"，不论题目要求是单选还是多选。

2. 有些题目只有问题没有选项，被调查人可以将自己想说的话写在横线_____上；或者由访问员逐字逐句记录被调查人的话语，填写在横线_____上。

3. 有些题目注明了可以选择的最多答案的数量，如"此题限选三项"，那就请尽量选够要求选择的答案数量，不要少选。题目注明"请务必注明"的，访问员要注意检查。

记录访问开始时间：2014 年　　时　　分（24 小时制）

A　被调查者的基本情况

A0 你的户口类型：□潍坊辖区郊区农业户

□潍坊辖区或郊区非农业户口

□县级市及县城非农户口

□县级市及县城农业户口

□乡/镇/村农业户　　　　□乡/镇/村非农业户口

□都不是

A1　性别：□男　　　　□女

A2　（周岁）年龄_____（填写整数）

A3　现在家庭常居住地为：□ 本村　　　□本乡镇/街办（不含县/县级市/区政府所在地街办）　　　□本区/县/县级市政府所在地（含政府所在地街办）　　　□其他地区

A3—1　选择"本村"的，请填写：家庭常居住地距离乡镇/街办所在地_____里，距离县城（含区、县级市政府所在地）_____里

A3—2　选择"本乡镇政府所在地"的，请填写：家庭常居住地距离县城（含区、县级市政府所在地）_____里

A4　您现在的户口所在地与家庭常居住地：□一致　　　　□不一致

A5　2013 年，您的家庭总收入_____万元（指所有外出打工的、在家务农的、经商的等在户口本上的家庭人口的所有收入，请估计毛收入，可以保留一位小数）

A6　2013 年底，您家庭户口本上有_____人，其中：

A6—1　16 岁以下_____人；A6—1　55 周岁以上_____人

A7　您的文化程度：

□未上过学　　　□小学　　　□初中　　　□高中及中专　□大专及以上

A8　您的婚姻状况：□ 已婚并婚姻正常持续　　　□未婚　　　□其他

A9　您是否有外出打工且持续一年及以上的经历：□有　　　□没有

A10　您家庭常居住地现住房面积为_____平方米

A10—1　住房是：□平房　　　　□楼房

A10—2　住房来源是：□购买或自建　　　　□租赁

B　当地经济和社会发展

B0　本村属于：□平原地带　　　　□丘陵地带　　　□山区

B1　本村主要的种植作物是（此题可多选）：

□粮食　　　□蔬菜　　　□瓜果　　　□其他经济作物

B2　本村居民主要的收入来源（此题可多选）：

□粮食　　　□蔬菜　　　□瓜果　　　□其他经济作物　　□打工

□家畜家禽饲养　　　□经商　　　□村办企业　　　□其他

B3　您主要的收入来源（此题可多选）：

□粮食　　　□蔬菜　　　□瓜果　　　□其他经济作物　　□打工

□家畜家禽饲养　　　□经商　　　□村办企业　　　□其他

B4　当地有无矿产资源：□ 有，很丰富　　□有，很少　　□有，不多也不少　　□没有

B5　本村有没有规模较大，经营很规范的超市：□有　　　　□没有

选择"有"的，续答：是连锁经营超市吗？□是　　　　□不是

B6　您购买日常的柴米油盐酱醋茶、洗涤、洗发用品主要去哪里购买？

□ 本村或附近集市　　　□本村超市或小商店　　　□到镇上去

□进县城（区/县级市政府所在地）

B7   您购买化肥、农药、农膜等农业生产的投入品主要通过哪些渠道？

□本村或附近村的零售商或代理商   □镇上/街办的零售商或代理商
□进县城（区/县级市政府所在地）

B8   小商店，超市，买化肥、农药、农膜等农业生产资料的销售商都被称为商品流通业，您如何评价您当地（镇/街办辖区）内的商品流通业的发展水平：

□很发达   □发达   □比较发达   □一般   □比较不发达   □不发达   □很落后

B9   您家的家用电器主要有哪些？（此题可多选）

□电视   □固定电话   □手机   □空调   □洗衣机
□冰箱   □电脑   □其他（请注明）＿＿＿＿＿＿＿

B10   您家的交通运输工具主要有哪些？（此题可多选）

□汽车   □面包车   □轿车   □皮卡和货车
□拖拉机   □摩托车   □电动车

B11   您对现在的家庭经济情况：

□非常满意   □满意   □比较满意   □一般   □比较不满意   □不满意   □非常不满意

B12   你们村看病方便吗？

□非常方便   □方便   □一般   □不方便   □非常不方便

B13   您对新型农村合作医疗住院报销情况满意吗？

□非常满意   □满意   □比较满意   □一般   □比较不满意
□不满意   □非常不满意

B14   你们村孩子上幼儿园、上学的方便程度

□很方便   □方便   □一般   □不方便   □很不方便

B14—1   选择"很不方便"的，请简要回答原因：

_____

B15   您对本村或乡镇学校的教学水平如何评价？

□很高   □高   □一般   □低   □很低

B15—1   选择"很低"的，请简要回答原因：

_____

B16   你们当地饮水干净吗？

□干净　　□不干净

B16—1　选择"不干净"的，请简要回答原因：

_____

B17　你们村出村到乡镇/街办的主要道路硬化（水泥路、沥青路）了吗？

□是　　　□没有

B17—1　村内的主要道路硬化了吗？□是　　　□没有

B18　你们村的生活垃圾怎么处理？

□没人管　　□有生活垃圾车定时运输处理

B19　你们村主要街道晚上有路灯照明吗？□有　　□没有

B20　你们村村民平常有什么集体娱乐活动吗？□有　　□没有

B20—1　选择"有"的，请简要回答活动类型：

_____

B21　你们村附近有污染性（污染水、空气、土地）企业吗？

□有　　□没有

B22　您是如何获得现在的宅基地的？

□继承祖辈　　□向村委会申请，经有关部门审批获得　　□将农田或非建设用地改成宅基地　　□向其他村民购买

B23　您期望对自家宅基地享有哪些权利？

□建房居住　　□买卖　　□建房出租　　□与他人互换

□抵押　　□用作养殖、种植或其他家庭生产经营活动　　□入股

□其他（请注明）_____

B24　您村里空余的宅基地：　　□有很多　　□有一些　　□没有

B25　有没有城镇居民在您村购买宅基地？

□有很多　　□有一些　　□没有

B26　如果宅基地可以置换城镇住房，您会：

□很愿意　　□愿意　　□一般　　□不愿意　　□很不愿意

B27　您村有没有国家征收农民宅基地的情况？　　□有　　　□没有

B27—1　选择"有"的，请继续回答：政府相关部门是否进行了征地补偿？

□是　　□否

B27—2　选择"是"的，请继续回答：农民是否满意政府的征地补

偿措施？

　　□是　　□否

　　B28　您村有没有当地政府征用农业用地，改变了土地用途的情况？

　　□有　　□没有

　　B28—1　选择"有"的，请继续回答：这些土地被政府拿去干什么了？

　　B29　您村有没有私自改变农业地用途的情况？□有　　　　□没有

　　B29—1　选择"有"的，请继续回答：这些土地被村里拿去干什么了？

C　农村和城市生活评价

　　C1　根据您的了解，你家乡有新农村建设样板村吗？

　　□有　　□没有

　　C1—1　选择"有"的，请注明知道的新农村建设样板村村名：＿＿＿

　　C1—2　请继续对新农村建设样板村进行评价：

　　□很好　□好　　□一般　　□不好　　□很不好

　　C1—3　你是否希望住在新农村建设样板村？□是　　　　□否

　　C1—3—1　选择"是"的，请回答主要原因：

　　C1—3—2　选择"否"的，请回答主要原因：

　　C2　现在有些地方撤村并点，几个村合成一个集中居住的新社区，您如何评价？

　　□很好　　□好　　　□一般　　□不好　　　□很不好

　　C2—1　选择"很好"或"好"的，请回答主要原因：

　　C2—2　选择"不好"或"很不好"的，请回答主要原因：

C3 请您对下面关于农村、城镇生活的一些说法进行评价，对每一句话选择一个态度，认为很有道理就选"很赞同"，说不清楚就选"一般"，认为没道理就选"很不赞同"或"不赞同"，在每一个答案前面的□内打√就行。

C3—1 有人说，在农村，

吃什么都是新鲜的

□很赞同 □赞同 □一般 □不赞同 □很不赞同

空气也新鲜 □很赞同 □赞同 □一般 □不赞同 □很不赞同

喝水也干净 □很赞同 □赞同 □一般 □不赞同 □很不赞同

生活很方便 □很赞同 □赞同 □一般 □不赞同 □很不赞同

生活压力小 □很赞同 □赞同 □一般 □不赞同 □很不赞同

收入也不低 □很赞同 □赞同 □一般 □不赞同 □很不赞同

邻里关系好 □很赞同 □赞同 □一般 □不赞同 □很不赞同

交通也便利 □很赞同 □赞同 □一般 □不赞同 □很不赞同

孩子没出息 □很赞同 □赞同 □一般 □不赞同 □很不赞同

发展机会大 □很赞同 □赞同 □一般 □不赞同 □很不赞同

C3—2 有人说，在城市居住和生活，

收入高 □很赞同 □赞同 □一般 □不赞同 □很不赞同

出行方便 □很赞同 □赞同 □一般 □不赞同 □很不赞同

购物选择多 □很赞同 □赞同 □一般 □不赞同 □很不赞同

觉得比农村人高一等 □很赞同 □赞同 □一般 □不赞同 □很不赞同

发展机会大 □很赞同 □赞同 □一般 □不赞同 □很不赞同

教育水平高 □很赞同 □赞同 □一般 □不赞同 □很不赞同

住得舒服 □很赞同 □赞同 □一般 □不赞同 □很不赞同

邻里关系好 □很赞同 □赞同 □一般 □不赞同 □很不赞同

生活压力大 □很赞同 □赞同 □一般 □不赞同 □很不赞同

看病有保障 □很赞同 □赞同 □一般 □不赞同 □很不赞同

年纪大了有人管

□很赞同 □赞同 □一般 □不赞同 □很不赞同

C4 您认为农村与城市现在最大的差别是什么？

C5　您是否有未来移居城镇的打算：□有　　□没有　　□没想过

C5—1　选"有"的，请继续回答：＿＿＿＿＿＿＿＿＿＿

C5—1—1　您未来移居城镇的愿望：□很强烈　□强烈　□一般 □不强烈

C5—1—2　希望居住在城镇的主要考虑因素是：□工作就业　□子 女上学　□基础设施　□商业服务

□生活环境　□文化生活　□其他因素（请务必注明）＿＿＿＿＿＿

C5—1—3　您希望在未来＿＿＿＿＿＿＿＿年能移居到城镇。

C5—1—4　您希望住到：□乡镇（街办）政府所在地　□县（县级 市）城　□潍坊　□其他大城市

C5—2　选"没有"的，请继续回答：希望不移居城镇的主要考虑因 素是：□工作就业　　□房价、物价　□子女上学　□老人赡养

□生活环境；　□其他因素（请务必注明）＿＿＿＿＿＿＿＿

访问员

1. 我郑重声明：所有问卷均由本人依据问卷要求和培训注意事项，采用一对一面谈方式完成；由被调查者自己填写的问卷，均得到了本人正确的指导。如有虚假，愿承担相应责任。

2. 访问者姓名：＿＿＿＿＿＿＿＿＿

3. 记录访问结束时间：2014 年　　月　　日　　时　　分（24 小时制）

参考文献

任远：《人的城镇化：新型城镇化的本质研究》，《复旦学报》（社会科学版）2014年第4期。

谢楠城：《城镇化发展需建立评价指标体系》，《中国矿业报》2013年第B01版。

孙长青、田园：《经济学视角下新型城镇化评价指标体系的构建》，《河南社会科学》2013年第11期。

王琳：《山东城镇化评价指标体系研究》，济南大学2011年硕士学位论文。

王博宇、谢奉军、黄新建：《新型城镇化评价指标体系构建——以江西为例》，《江西社会科学》2013年第8期。

巩红禹：《区域新型城镇化健康发展评价分析——以内蒙古自治区为例》，《经济论坛》2014年第7期。

李振福：《城市化水平综合测度模型研究》，《北方交通大学学报》（社会科学版）2003年第1期。

孙锦、刘俊娥：《中国城市化水平综合评价研究》，《河北建筑科技学院学报》2004年第3期。

陈明星、陆大道、张华：《中国城市化水平的综合测度及其动力因子分析》，《地理学报》2009年第4期。

任军号、林波、薛惠锋：《大城市周边地带城市化水平评价指标体系》，《西北大学学报》（自然科学版）2005年第1期。

陈明星、叶超、傅成伟：《我国城市化水平研究的回顾与思考》，《城市规划学刊》2007年第6期。

高靓：《中国城镇化调查数据显示："90后"农民工仅3.8%愿回乡务农》，《中国教育报》2013年第2版。

唐逸如：《"二元结构"逐步融合——鲁中地区城镇化调查》，《社会观察》2013 年第 3 期。

王昕：《西安城镇化调查报告显示：高学历青壮年进城倾向明显》，《西安日报》2011 年第 003 版。

杜双燕：《城镇化带动背景下的贵州农民城镇化意愿分析》，《贵阳市委党校学报》2013 年第 1 期。

张如林、丁元：《基于农民视角的城乡统筹规划——藁城农民意愿调查》，《城市规划》2012 年第 4 期。

李富田、李戈：《进城还是进镇：西部农民城镇化路径选择——对四川 31 个镇、村调查》，《农村经济》2010 年第 4 期。

王国辉、潘卫民：《阜新市农民城镇定居意愿研究——基于阜新市彰武县调查的分析》，《辽宁工程技术大学学报》（社会科学版）2012 年第 4 期。

张铁军：《城镇化过程中失地农民市民化问题探讨——基于银川市民乐村失地农民市民化现状的调查》，《湖南涉外经济学院学报》2008 年第 3 期。

殷杰、王常雄、张宇炜：《城镇化进程中失地农民问题的调查与思考——以江苏发达地区为例》，《苏州大学学报》（哲学社会科学版）2005 年第 3 期。

鲁勇：《和谐发展论——新型工业化与新型城市化契合》，清华大学出版社 2007 年版。

刘传江：《中国城市化的制度安排与创新》，武汉大学出版社 1996 年版。

高佩义：《中外城市化比较研究》，南开大学出版社 1991 年版。

鲁勇：《和谐发展论——新型工业化与新型城市化契合》，清华大学出版社 2007 年版。

张文彤：《SPSS 统计分析高级教程》，高等教育出版社 2004 年版。

Wolfgang Härdle、Léopold Simar：《应用多元统计分析》，北京大学出版社 2011 年版。

《对应分析方法与对应图解读方法——七种分析角度》，http：//shenha-olaoshi. blog. sohu. com/133694659. html。

谭崇台：《发展经济学概论》，武汉大学出版社 2001 年版。

吴明隆：《问卷统计分析与实务》，重庆大学出版社 2010 年版。

樊纲:《国际上衡量工业化的主要经济指标》,http://blog. sina. com. cn/s/blog_ 60931b530100fs8a. html。

马凤鸣:《产业结构转换与城镇化》,《长春大学学报》2012 年第 3 期。

陈晨子、成长春:《产业结构城镇化与我国经济增长关系的 ECM 模型研究》,《财经理论与实践》2012 年第 11 期。

肖功为:《中国产业结构优化升级引致的城镇化效应研究——一个省级面板分位数模型的实证检验》,《财经理论与实践》2013 年第 18 期。

刘新智、刘雨松:《农民参与新型城镇化的核心问题调查》,《经济纵横》2013 年第 11 期。

晏维龙:《城市化与商品流通的关系研究:理论与实证》,《经济研究》2004 年第 2 期。

赵文丽:《城市化与商贸流通业发展的动态计量分析:以长江三角洲为例》,浙江工商大学 2008 年硕士学位论文。

郭娜、康学芹:《中国流通产业发展与城市化进程的关系分析》,《统计与决策》2011 年第 17 期。

王昕:《西安城镇化调查报告显示:高学历青壮年进城倾向明显》,《西安日报》2012 年第 3 版。

杜双燕:《城镇化带动背景下的贵州农民城镇化意愿分析》,《贵阳市委党校学报》2013 年第 1 期。

吕贵兴:《城乡收入差距与农村劳动力就业的计量检验:以寿光市为例》,《安徽农业科学》2012 年第 5 期。

刘成友:《以工补农加速城乡共融》,《人民日报》2010 年 12 月 12 日第 1 版。

甘昕鑫、颜婧:《成都市 2012 年新型城镇化综合评价监测报告出炉:成都新型城镇化率达 60.2%》,《四川日报》2013 年 5 月 8 日第 2 版。

刘江红:《文化发展:新型城镇化的"新指标"》,《光明日报》2014 年 8 月 11 日第 11 版。

王广起、陈磊、吕贵兴等著:《区域城乡一体化测度与评价研究》中国社会科学出版社 2013 年版。

Northam. "New Approaches to Crop Yield Insurance in Developing Countries." *International Food Research Institute*, 1979, (2): 22-25.

Phazell, Janderson, Nbalzer. "A Bastrop Clemencies and Rissole Potential for

Scale and Sustainability in Index Insurance for Agriculture and Rural Liveli-hoods. " *International Fund for Agricultural Development and World Food Pro-grammer*, 1973: 42-44.

Klauke. "A Two-sided Matching Model of Venture Capital. " Working Paper, University of Chicago, 1987 (1): 8-10.

Inkeles. "Rural Areas and Trends Surpass Cities in Growth. " *New York Time*, 2005, 3: 53-70.

David, L. B. , John, B. C. "Metropolitan Areas and the Measurement of A-merican Urbanization. " *Population Research and Policy Review.* 2004, 23 (4): 399-418.

Sanjib, D. , Mrinmoy, M. , Debasri, R. , et al. "Determination of Urbaniza-tion Impact on Rain Water Quality with the Help of Water Quality Index and Urbanization Index. " In Jama, B. K. , *Majumde, M. Impact of Climate Change on Natural Resource Management*, Part 1. New York: Springer, 2010: 131-142.

Hirotsugu, U. , Andrew, N. "Agglomeration Index: Towards a New Measure of Urban Concentration. " In The World Bank. The World Development Re-port 2009. Washington, D C: UNU-Wider, 2010: 1-16.

Todaro, M. P. "A Model of Labor Migration an Urban Unemployment in Less Developed Countries. " *American Economic Review*, 1969 (59): 138-148.

Stark Oded, E. Katz. "Labor Migration and Risk Aversion in Less Developed Countries. " *Journal of Labor Economics*, 1986, 4 (1): 134-149.

Du Yang, Alberk Park, Wang Sangui. "Is Migration Helping China's Poor In-equality, Labor Market and Welfare Reform in China. " *Australia National U-niversity*, 2004 (8): 25-27.

Denise Hare. " 'Push' versus 'Pull' Factors in Migration Outflows and Re-turns: Determinants of Migration Status and Spell Duration among China's Ru-ral Population. " *Journal of Development Studies*, 1999, 35 (3): 45-72.

John Knight, Lina Song. "Towards a Labor Market in China. " *Oxford Review of Economic Policy*, 1996, (11): 4.

Alan de Brauw, Huang Jikun, Scott Rozelle, et al. "The Evolution of China's Rural Labor Markets During the Reforms. " *Journal of Comparative Econom-*

ics, 2002, 30 (2): 329-353.

Dwayne Benjamin, Loren Brandt, Paul Glewwe, et al. "Markets, Human Capital, and Inequality: Evidence from Rural China. Unpublished Paper." University of Toronto, 2000, (3): 1-4.

Bruckner, M. "Economic Growth. Size of Agriculture Sector and Urbanization in Africa." *Journal of Urban Economics*, 2012 (1): 26-36.